# 世間大雨滂沱，
# 你需藏好軟弱

林子樹 ―― 著

我們的脆弱和堅強都超乎自己的想像。

有時,我們可能脆弱得因一句話就淚流滿面,

有時,也發現自己咬著牙走了很長的路。

這個世間真的有一種勇敢讓我們瞬間長大，

它讓我們變得堅強，

讓我們熱淚盈眶，

讓我們心底感受到溫暖。

總有一天，你會找到自己的幸福，

會對著過去的傷痛微笑。

你會感謝離開你的那個人，

他配不上你的愛、你的好、你的癡心。

他終究不是命定的那個人。

幸好他不是。

十年前你是誰,一年前你是誰,

甚至昨天你是誰,都不重要。

重要的是,

今天你是誰,以及明天你將成為誰。

希望你一如既往地堅強勇敢，

站在迎著光的地方，

活成自己想要的模樣。

很少有人能一步就將有自己想要的生活,也許我們要走很長一段時間的網路。

就像在夜路中行走,你收穫了滿天閃亮的星星,磨練了心性。

青春終究會飛走，我們也一定會逐漸衰老，

但年輕時我們對待年輕的態度，

則決定未來我們會走上一條什麼樣的路。

不管昨夜經歷了怎樣的泣不成聲,

早晨醒來這個城市依然車水馬龍。

開心或者不開心,

城市都沒有工夫等,

你只能銘記或者遺忘。

後來才明白,

要賺到令自己足夠安心的錢,

才能過上簡單、安逸、自由的生活,

才能讓自己活得更有底氣。

所以,多花時間努力,少點工夫矯情。

當有一天,你迂迂迴迴後終於到達了想去的地方,

才會驚訝地發現,

原來之前所經過的一切,都是通往這裡的必經之路,

少一步都無法塑造出今天的你。

# 目 錄 CONTENTS

## Chapter 1
### 第一章 做好自己，等風來

在僅有的生命裡做好自己　　　/ 002
二十幾歲的年齡，實在不必慌張　　/ 007
不怕失敗，才不會失敗　　/ 012
把事情做到極致的人，才是人生贏家　　/ 017
年輕人最大的優勢就是年輕　　/ 021
你要活成自己喜歡的樣子　　/ 026
別讓壞的心態，毀了你的人生　　/ 030
人在低谷時，別去打擾任何人　　/ 036
生活有裂縫，陽光才會照進來　　/ 040

## Chapter 2
### 第二章 世間大雨滂沱，你要藏好軟弱

世間大雨滂沱，你要藏好軟弱　　/ 044
凡事都靠別人，才會越混越差　　/ 049
我們都曾不堪一擊，我們終會刀槍不入　　/ 054
不認輸，生活就沒辦法撂倒你　　/ 059
放下過去的人，才能活好當下　　/ 064
挺過酷寒的嚴冬，才有溫暖的春天　　/ 070

## Chapter 3

### 第三章 別說懷才不遇，可能是懷才不夠

人要過自省的人生 / 076
有一種自律，叫不抱怨 / 081
你以為的勤奮，可能是在瞎忙 / 085
別說懷才不遇，可能是懷才不夠 / 090
真正的自律，是懂得叫醒自己 / 094
知命者不怨天，知己者不怨人 / 099
執行力，拉開人與人之間的距離 / 104
你要有野心，才會更有魅力 / 110

## Chapter 4

### 第四章 見識太少的人，才會慶祝平庸

見識越多的人，往往越謙卑 / 116
不是平臺太弱，而是你沒本事 / 121
見識太少的人，才會慶祝平庸 / 126
一時偷的懶，要用一輩子還 / 130
自律是一場與自己的博弈 / 135
與優秀的人同行，才能走得更遠 / 140
最貴的貴人，其實是你自己 / 143
人最大的競爭差異，在於認知 / 149

## Chapter 5 第五章 足夠堅強，就能足夠耀眼

每一次失敗，都是最好的成長　　/ 156
你終將會成為讓自己仰慕的人　　/ 160
足夠堅強，就能足夠耀眼　　/ 165
努力的人，才能讓夢想照進現實　　/ 170
那些殺不死你的，終會讓你更強大　　/ 177
感覺累就對了，因為你在走上坡路　　/ 181
不要假裝努力，結果不會陪你演戲　　/ 186
真正厲害的人，沒有時間抱怨　　/ 192
人要有敢做自己的膽量　　/ 197

## Chapter 6 第六章 全力以赴的人生，雖敗猶榮

懂得堅持的人，終會被溫柔以待　　/ 204
活路不是別人給的，而是自己殺出來的　　/ 209
堅持努力，最壞的結果不過是大器晚成　　/ 214
每一個當下的失去，都藏著無限的可能　　/ 218
自律的程度，決定了人生的高度　　/ 222
不想吃現在的苦，就無法嚐以後的甜　　/ 227
全力以赴的人生，雖敗猶榮　　/ 232

第七章
追光的人，終會光芒萬丈

越是難熬的時候，越要自己撐過去　／ 238
追光的人，終會光芒萬丈　／ 243
每個人的生命裡，都有一段孤獨的時光　／ 249
人生從來沒有太晚的開始　／ 254
你吃的苦，都是你去看世界的路　／ 260
世界只會對優秀的人刮目相看　／ 265

第一章 Chapter 1

做好自己，等風來

# 在僅有的生命裡
# 做好自己

01

兩年前,部門裡來了一名實習生。

名義上是實習,實際上就是打雜的,當時主管把他安排在廣告部。每天早上,在主任還沒有來之前,他會早早地為主任燒上一壺開水,然後把地拖得非常光亮,除此之外便不再有活兒可幹。

日復一日,我覺得他根本不知道自己想要什麼。

當時,我也想不明白,一個優秀大學的畢業生,為什麼要來這裡做這種打雜的活兒。

後來我問他有什麼打算,他說:「我的家庭狀況不好,父親去世得早,我想在這裡好好努力,學一些適應社會的本領,讓我的家庭生活越來越好。」說完後,他靦腆地笑了。

平常在公司裡,他幾乎沒有什麼事做,但他會主動找事情

做，想盡一切辦法為主任分憂。另外，他對事物的很多理解，主任都覺得非常不錯。

終於有一天，主任出去談廣告業務時帶上了他，在主任和他的努力下，他們終於談成了一筆棘手的廣告生意。回去的時候，主任對他豎起了大拇指。

從那以後，主任幾乎每次出去都要帶上他。

後來，他從公司辭了職，憑藉自己多年的關係開了一家廣告公司，年收入上千萬元。雖然他沒有一個好的起點，但是會為了夢想努力，哪怕遍體鱗傷也要保持向上的姿態。

如果你為了夢想而努力，那麼夢想絕對不會虧待你，或許經歷的這個過程會非常痛苦，但總會有花開的時候。

人有時候缺的並不是能力，而是面對事情的態度。你的努力上天一定會看在眼裡，終會讓你在某一天突然綻放。

## 02

每個人都希望能實現夢想，登上人生巔峰，享受隨之而來的碩果。但遺憾的是，很多人從來沒有為之努力，他們喜歡好高騖遠地做夢，總是在現實與夢想之間徘徊。

J.K.羅琳是暢銷書《哈利‧波特》的作者，因為這本書她成了英國最富有的女人。羅琳從小就熱愛英國文學，熱愛寫作和講故事，而且她一直腳踏實地地堅持，但曾經有很多人說她想要在

寫作領域裡出人頭地，簡直是在做白日夢。

大學時，她主修法文。畢業後，她隻身前往葡萄牙發展，很快就和當地的一位記者墜入情網並結婚。無奈的是，這段婚姻來得快去得也快。婚後，丈夫本來的面目暴露無遺，他毆打她，並不顧她的哀求將她趕出家門。

不久，羅琳便帶著三個月大的女兒回到英國，棲身於愛丁堡一間沒有暖氣的小公寓裡。丈夫離她而去，工作也沒有了，居無定所，身無分文，再加上嗷嗷待哺的女兒，羅琳已經窮困潦倒。

她不得不靠救濟金生活，經常是女兒吃飽了，她還餓著肚子，但她從來沒有放棄，因為她有自己的志向。她始終相信只要自己腳踏實地地堅持下來，最終會在寫作上大放異彩。

在女兒的哭叫聲中，她的《哈利‧波特》第一冊誕生了，並創造了出版界奇蹟。她的作品很快被翻譯成35種語言，並在115個國家和地區發行，引起了全世界的轟動。

羅琳說：「每個人都有夢想，但很多人不會為之瘋狂，能夠實現夢想的人都是一群瘋子。」

對此，我深以為然。

倘若你沒有為夢想瘋狂過，那麼你真的不配享受這份碩果。

# 03

我有一個朋友的成績一直很好，但由於家庭貧困，最後只好

輟學，儘管不能繼續上學，但他從來沒有想過放棄。

沒有人能阻擋一個努力的人，為了省錢，我朋友選擇了高等教育自學考試，不論是寒冬還是酷暑，他從未為自己的夢想停下腳步，他跟我說：「就算我的人生真的不會有改變，我還是想放手一搏。」

時光匆匆，讓我想不到的是，再次見他竟然是在一所重點中學裡。聊起來我才知道，他現在是這所學校的語文老師，而這所學校是很多有能力的人透過關係都進不來的。

我很驚訝他的改變，他卻輕描淡寫地說：「這真的沒有什麼，只不過算是對得起自己的付出，我從來不去在乎別人的意見，只想在僅有的生命裡做好自己。」

其實很多時候，自己的人生到底會達到一個什麼樣的高度，沒有人會過多關注。他們不會關注你遍體鱗傷的過程，只會關注最後的結果。

## 04

以前看過一個故事，有一位記者採訪三個砌牆的工人，第一個抱怨說自己在砌牆，第二個說自己在砌一座大廈，第三個則無比自豪地說自己在建造一座城市。

因為他們努力的程度不同，最終說自己砌牆的人還一直在砌牆，說建造一座大廈的人有了自己的工程團隊，說建造一座城市

的人最終擁有了一家建築公司。

其實，他們的起點原本是相同的，但是他們付出的多少不一樣。這世上有很多人找不到自己的未來，不想努力拚搏；而有些人在堅持中努力前行，因為他們始終相信自己有能力改變目前的生活。

一個人可以沒有金錢，也可以暫時沒有工作技能，但絕對不能沒有努力下去的決心，不能沒有對待事業的感恩態度。

沒有錢可以慢慢賺，沒有技能可以找機會學習，但如果你喪失了努力下去的決心，那麼你的人生就會充滿霧霾，時間久了，你注定會被這個多姿多彩的社會淘汰。

做好自己，等風來，無論怎麼樣，你所有的付出總有一天會得到成倍的回報。

# 二十幾歲的年齡，
# 實在不必慌張

## 01

　　二十幾歲，可能是人生最艱苦的時期。我們剛離開學校，擺脫學生味，卻發現要面對許多未曾想過的問題。

　　這段時間我們可能覺得孤獨，覺得自己的人生步履維艱，其實，這段時間正好是我們認識自己的機會。如果覺得黑暗就對了，那樣我們才分辨得出光芒在哪裡。在二十幾歲的這段時間，我們一定要明白一些事。

## 02

　　大學畢業後，我很順利地在當地一家報社做記者，剛去的時候，主任說：「先熟悉環境，多瀏覽新聞。」

　　那段時間，我不僅在網路上找新聞，還會到生活中去發掘，我記得自己把第一篇作品交給主任時，他笑著說：「寫得不錯，

好好努力,將來一定能成大器。」在主任的鼓勵下,我每天都在認真學習。

儘管我非常認真,但絲毫感覺不到進步,時間久了,我甚至懷疑自己不適合吃這碗飯。面對這種痛不欲生的折磨,我選擇了放棄。當我辭職時,主任說:「你之所以沒有進步,是因為一直在低水準重複。」

雖然當時我沒有理解主任的話,但後來終於知道了,我每天都在重複前一天的工作,沒有給自己輸入新鮮的「血液」,遇到問題也不會冷靜地思考,因此新聞寫作能力也一直沒有改善,陷入了一種驢拉磨的惡性循環。

在二十幾歲,我們許多努力真的只是不斷地在低水準重複,這都是習慣性的動作。我們不清楚勤奮的本質,所有行動只是勤奮的外在表現形式。

真正的勤奮是除了去做,還要不斷想著突破,想著超越,想著明天一定要比今天更好。

稻盛和夫說:「如果凡事都以目前的能力做低水準重複,那麼任何新的、困難的事物,無論過多久都不會完成。」

## 03

蘇豔是我的大學同學,她喜歡旅行,每次都會帶著極少的行李奔走在世界各地。她漂到喜歡的地方,就會把這個地方當成臨

時的家。

當很多女孩子擔心爬山會不會很累，在海拔高的地方會不會有高山反應時，她早已看過很多美景。她一個人去了西藏，開心地在朋友圈曬照片，那份幸福隔著螢幕都能感覺到。

蘇豔喜歡獨自旅行，她說：「旅行能讓我增長見識，我不想在三十幾歲給自己留下遺憾，我想趁著還沒有結婚，讓自己變得充實起來。」

蘇豔會拿出一些時間行走在路上，在二十幾歲的年紀裡，她走在世界的每個角落，她不著急戀愛，更不著急結婚。她說：「一個人總要在合適的時間裡有自己滿意的生活，旅行讓我很快樂。」

世界上最遙遠的距離是你心裡裝著海，眼前卻是電腦，平淡的生活總有著一定的規律可循，可是瘋狂的人生卻有千萬種。二十幾歲的你最需要的不是名牌包包，而是一次讓自己增加見識的旅行。

肖復興說：「旅行會讓自己見識到沒有見到過的東西，讓自己的人生半徑像水一樣蔓延得更寬、更遠。」

旅行可以讓一個人開拓視野，找到全新的生活方式，是對自己最有價值的投資。一路上所接觸的一切都足以讓你用另一種眼光重新審視自己，讓你知道接下來的路怎麼走。

## 04

　　大學剛畢業時，我和朋友逛3C賣場，我看上了一臺非常漂亮的筆電，當時內心非常喜歡，但奈何囊中羞澀，朋友看到我的窘樣說：「既然很喜歡，就買下來唄，可以選擇分期付款啊。」

　　看到標籤上八千多元的售價，我開始猶豫，後來在朋友的勸說下，終於買下了那款電腦，選擇兩年分期。我原本以為買下電腦後，自己會很快樂，但事實並非如此。

　　東西買了就是要用的，如果用這個東西不能給自己帶來絲毫快樂，還不如不買。一件東西無論多貴、多好，只要買了不用，那就是擺設。

　　有時候，我們喜歡衝動消費，當看到自己喜歡的東西，經常會頭腦一熱馬上買下，殊不知這樣只會讓自己更累。

　　二十幾歲時你一定要想清楚自己要什麼，不然二十歲買東西的錢，可能到三十歲都還不完，讓你的人生之路步履維艱。

　　這時正好是我們捉襟見肘的時候，我們沒必要透過買東西來證明自己，因為這什麼也證明不了。等哪天你站在那些東西面前，價格牌不再讓你觸目驚心的時候，就表示買下它的時候已經到了。

　　錢是好東西，但是別被它綁住；賺錢的時候，別忘了自己，在合適的年齡裡買合適的東西，才是對自己最大的負責。

## 05

看過一個故事：

有位年輕人很崇拜楊絳先生。他給先生寫了一封長信，表達了自己的仰慕之情以及自己的許多人生困惑。先生回信，除了必要的寒暄和鼓勵晚輩的句子外，誠懇而不客氣地說了一句話：「你的問題主要在於讀書不多而想得太多。」

讀書可以改變一個人的思想和氣質，可以提升一個人的修養和內涵。二十幾歲正好是我們人生的浮躁期，這個時候更應該沉下心來讀書，只有這樣，才會讓自己有所提升，等到三十幾歲時才能讓自己的人生之路更加順暢。

有人說兩個人在一起始於顏值，陷於才華，忠於人品。作為二十幾歲的年輕人，不讀書不一定沒才華，但是多讀書，我們的氣質和內涵所展現出來的才華是絕對不一樣的。

二十幾歲是一個人的黃金年齡，為了不讓自己在以後的日子裡步履維艱，千萬不要在這個時候選擇安逸。

# 不怕失敗，
# 才不會失敗

01

我的學長李哥，工作三年後選擇辭職創業，沒想到堅持幾年後竟然成功了。他目前經營一家投資諮詢管理公司，專門做培訓。

有一次，我去找他玩，問他當時是怎麼考慮的。李哥說：「沒怎麼考慮，就是覺得在公司裡等於混吃等死，還不如趁著年輕，多做點事業。」

我說：「你難道沒有考慮過後果嗎？萬一失敗了呢？」李哥有些不解地問：「誰說創業一定要成功，失敗也是寶貴的財富啊，我創業的時候就沒考慮自己以後會怎麼樣，只是做好規劃後，認真去執行。」

李哥說的一句話讓我記憶猶新，他說：「一個人只有不怕失敗，才不會失敗。」

反觀我身邊的創業者，他們從一開始就給自己設定了一種成

功的模式,但其實抱著必須成功的信心創業並不是一件好事。

在創業的道路上肯定不會一帆風順,有些人會把失敗當成財富,仔細分析失敗的原因,最終迎來成功。

而有些人非常害怕遇到失敗,在失敗真正來臨時,他們選擇自暴自棄,試問這樣的人又怎麼會取得成功呢?

真正的創業者不會背著失敗的包袱,因為他們知道這樣做只會讓自己更累。他們在做好企業規劃後,剩下要做的就是全力以赴,至於結果,他們會選擇交給命運。

一個人如果越怕失敗,那麼越會失敗,只有不懼怕失敗,才不會失敗。

## 02

生活有時候確實不像我們想像的那樣,當我們對一件事全力以赴的時候,卻無法取得成功;當我們對某一件事不抱希望時,它卻能順利成功。

生活本身是一場馬拉松,每一個過程都需要我們用力付出。有時候結果真的沒有那麼重要,過程才重要,努力地分析過程是為了獲得一個更好的結果。

我們只有不懼怕失敗,才能以更高的姿態成功,縱使人生的道路上會遇到數不清的失敗,但你也要堅持下來,因為無數的失敗背後一定會藏著成功。

我在網路上看過一段話，深以為然：「繞遠路、走錯路的結果，就恰如迷路走入深山，在別人看來這是一種失敗。當別人為你的危險焦急、惋惜之際，你卻獲得了一些珍奇的花果，這何嘗不是一種成功呢？」

是的，成功和失敗都是相對的，你眼裡的成功在別人眼裡可能是一種失敗，但這又有什麼關係呢？只要對得起自己的堅持，這就足夠了。

## 03

大學同學李紅是一個不怕失敗的人，她參加了五次研究所考試，終於考上了。當她得知自己被錄取的那一刻，淚如雨下。我笑著說：「你這是喜極而泣啊。」沒想到李紅說：「其實，考上或者考不上對我來說都不重要了，主要是我對得起自己堅持的過程。」

李紅的堅持讓我汗顏，曾經我也想考研究所，但是失敗一次後，就再也堅持不下來。我一直憂慮萬一再失敗了怎麼辦，覺得自己丟不起人，只好選擇了不考。

幾年過去了，我還是老樣子，李紅卻迎來了自己的春天。因為懼怕失敗，所以我不想去嘗試，這樣的自己肯定不會成功。

這個世界上有很多人不配獲得成功，因為一個做事顧慮太多的人一定不會取得很大的成就，甚至連失敗的資格都沒有。

其實，失敗是一次自我反省的機會。失敗帶給人們的首先是心靈上的震動，而這種震動恰好能使你重新認識自己。

可能你在失敗中一直會非常消極，找不到自己的突破口，從而陷入不斷的自我懷疑中。其實，失敗的震動會讓你好好梳理自己的心情，調整好自己的狀態；可能你驕傲自滿、目空一切、不可一世，失敗卻像一瓢冷水將你從頭淋到腳，讓你好好反省。

失敗能讓你從安樂走向無堅不摧，失敗是考驗你的時刻。

## 04

一個真正的強者一定是不怕失敗的人，在我們的想像裡，失敗是成功的反義詞，失敗與成功絕緣，在失敗的廢墟裡，不可能挖掘到成功的金子。事實上，這種思想是錯誤的，失敗只不過是差一點的成功。

那些功成名就的人哪一個不是從失敗的廢墟裡站起來的。愛迪生失敗了多少次才發明了電燈，居里夫人失敗了多少次才發現了鐳元素，如果他們懼怕失敗，那麼一定不會獲得輝煌的成功。

失敗不是固定不變的，就像你把1℃的水加熱到99℃，這期間看上去你都是「失敗」的，因為你並沒有改變水的狀態，水仍然是液態的水。但這時只要你再加一把柴，再添一把火，讓水再升高1℃，水的狀態就會發生根本性轉變，從液態變成氣態。

人生也是如此，失敗並不是最終的定論，失敗也不是走到了

人生的絕處，此時你只要再堅持一下，就會獲得輝煌的成功。失敗並不可怕，可怕的是我們在失敗裡頹廢，覺得自己一無是處，不斷地否定自己。

當一個人失去了獲得成功的信心，那麼他的事業也一定會非常糟糕，因為失敗成了他的人生常態，他已經習以為常。

聰明的人不會在失敗中頹廢，他會總結失敗的經驗，讓自己變得更加強大，迎來屬於自己的明天。

# 把事情做到極致的人，
# 才是人生贏家

## 01

先來說個故事。

兩年前，我們報社來了一個叫小松的實習生，他雖然畢業於名校，但是主任似乎沒有重用他的意思。小松的工作非常清閒，每天上午幫主任打掃辦公室，下午做一些簡單的校對工作。

時間久了，小松覺得自己有點大材小用，對這份工作也慢慢變得有些不情願。小松發現，他每次煮的水主任幾乎都不喝，雖然辦公室每次都整理得非常乾淨，但主任很少在。

後來，小松漸漸地開始應付，每天象徵性地煮水，簡單地整理辦公室，他天真地以為自己做的這些根本不重要，每天在渾渾噩噩中度日。

有一次，辦公室裡來了一位重要的客人，他看到落滿灰塵的椅子有些不知所措，臉上有些尷尬的主任慌忙幫對方擦乾淨。為了打破這種尷尬，主任笑著說：「來嚐嚐我剛買的好茶。」

更讓主任想不到的是，泡茶的水竟然不開，主任有些坐不住了，對方開玩笑說：「張總，我看你得找個助理了，總不能自己幹這些活兒吧。」主任尷尬地附和著：「是得找一個了。」

客人走後，主任有些生氣，他把小松叫到辦公室問原因。小松紅著臉說：「我不知道您今天回來，否則肯定不會這樣。」小松說完後，主任生氣地說：「難道你做的這一切都是給我看的嗎？」

因為這件事，小松被解雇了。

## 02

有一次我們一起吃飯，談起了小松，主任有些惋惜地說：「其實，這個小夥子很優秀，但是做工作喜歡應付，之所以剛開始沒有重用，是想磨練一下他的耐心，但結果太讓我失望了。」

主任告訴我，做新聞的人一定要有耐性，如果不能把生活中的事情做到極致，那麼工作的磨難會讓他喪失找新聞的動力，為了完成任務，他多半會採用道聽塗說的消息，這就麻煩了。

一個凡事都應付的人，沒有資格談成功。

生活中，很多人一輩子都非常努力，但從來沒有得到自己想要的結果，時間久了他們會埋怨自己的能力，甚至會抱怨命運的不公。這些人有個共同的特點，就是做工作幾乎都在應付，從來沒有想過做到極致。

如果說一個人對工作的態度決定了自己的未來，那麼對工作應付注定會被社會淘汰，在工作上追求完美並不難，但很多人都堅持不下來。

凡事都應付的人是可悲的，社會上有很多這樣的人，面對上司交代的工作，以為只要完成就行了，從來不肯下功夫去完善。

## 03

有很多人口口聲聲說自己很努力，但我覺得這不過是假努力。

不成功的人並不是因為自己不努力，而是根本沒有拿出大量的精力把事情做到盡善盡美，我覺得做到極致的人肯定會得到上天的眷顧。

其實，努力不代表盡力，完成不代表完善。

有兩個年輕人去一家公司應徵蔬菜採購員，失敗者心裡非常不舒服，他跟面試主管抱怨，面試主管說：「你真的覺得不是自己的原因？」這位失敗者馬上點了點頭，面試主管繼續說：「好吧，我再給你一次機會，你去幫我問問番茄一斤多少錢。」

很快，這位失敗者便把價格帶來了，他笑著說：「我這次很努力了，我還跟對方砍價了，最終每斤砍下來五毛錢。」面試主管並沒有說話，而是讓應徵成功的年輕人也去做這件事。

半天後，年輕人氣喘吁吁地回來了，看到面試主管後說：

「我都問清楚了,大量採購會便宜很多,不僅如此,很多蔬菜的價格我都知道了,這是價格表,您看看。」面試主管問那位失敗者還有什麼話說,他瞬間啞口無言。

這世界很公平,你非常努力卻遲遲不成功,並不是因為你的才華不行,而是因為你允許自己有鬆懈的機會,對上司交代的工作敷衍了事。因為你對工作越來越將就,所以才會離成功越來越遠。

高效的工作能力,不是盡快地完成工作,而是把工作盡可能做到完美!

如果你給自己很強的自我約束力,認真努力地完成每一件事,時間久了你一定會得到自己想要的成功。

## 年輕人最大的優勢
## 就是年輕

01

前兩天,我去外地出差,和做人力資源工作的朋友聊過一次關於求職應徵的事。一直以來,大家都覺得履歷很重要,所以一些履歷相對差的年輕人根本不敢去大公司應徵,他們覺得去了也是自討沒趣。

我問朋友對履歷的看法。

朋友說:「履歷只是讓別人快速瞭解你的一個媒介,關鍵看一個人真正的實力。如果一個人從一開始就不想去嘗試,那麼結果一定是失敗;如果敢於嘗試,那可能還會獲得一個機會。」

朋友的觀點,我特別贊同,凡事去爭取一下,說不定真有機會,就怕縮手縮腳,非常謹慎,不敢去試錯,到最後一無所有。

既然上天給了你試錯的機會,那麼就要牢牢地抓住,現在就不敢試錯,怕出醜,今後又怎麼可能成就一番事業呢?

年輕人最大的優勢就是年輕,因為年輕,試錯成本就會很

低。努力去試了，就算失敗，也會為自己以後的人生累積經驗，當機會來臨時，能牢牢地抓住。

人真正的成長只有一種方式，那就是試錯。

一個人只有嘗試多和世界打交道，才能更容易成功。打交道多了，才會更有閱歷，才會知道自己真正的分量。

## 02

以前看過一檔節目，有一位非常優秀的女孩，她是北大中文系研究生，頂著很多光環。

主持人問她：「你的條件、學歷都這麼好，為什麼還要那麼拚呢？」她淡然回答：「其實我一直以來的想法就是，趁著年輕多去嘗試，那樣就不會有遺憾了。」

女孩的話引起了很多人的共鳴，有很多年輕人後悔自己沒有認真地試錯。

清華大學經濟管理學院的王曉瑜就特別後悔。

她說：「回望在校園裡的這四年，我最遺憾的就是沒能抓住年輕的機會去做更多的嘗試，因為大學是試錯成本最低的時期，我應該多摔幾次跤，多哭幾次。」

在大學期間，王曉瑜以學業為重的心態激勵著她把學習放在首要位置，甚至是唯一的目標。如果可以重來，她表示自己會選擇一種不同的生活，會去嘗試一些興趣社團，比如藝術團、合唱

隊,等等,去尋找自己真正喜歡的東西。

王曉瑜說:「最近我在跟老師做專案,感覺到了真正該承擔社會責任的時候。這種時候就會去想、去遺憾,自己在大學這寶貴的四年裡為什麼沒有去嘗試那些自己真正熱愛、對自己的生活更有意義的事情。」

事實上真是這樣,趁著年輕,試錯成本低,想做什麼儘管去做好了。做錯了,失敗了,被拒絕了,不過是推倒重來,沒什麼值得猶豫與畏縮的。

無論你做什麼事情,都有別人會最大限度地包容你,他們不會真正去苛求你什麼。如果現在不去嘗試,那麼以後會摔更多的跤,這只會讓自己更疼。

## 03

趁著年輕,趕緊去試錯吧,說不定試著試著,就成功了。

作為年輕人,我們真沒必要縮手縮腳,大膽犯錯就好了,全力以赴地去試錯,就算不成,我們還有大把時間去糾正錯誤。

最怕你不敢試錯,最後試錯成本越來越高,終其一生也沒有什麼大成就。

當然,試錯不是漫無目的,而是把犯過的錯誤當成經驗,以後做事的時候能規避這個風險,不要讓自己在同一個地方摔倒兩次。

舉個簡單的小例子，我們都知道開水不能碰，會燙傷。如果一直是由父母教導，我們可能不會很重視，但如果有一天你不小心碰到開水後被燙了一下，就有了切身體驗。

試錯一定要講究科學方法。在試錯前，我們也要認真審視試錯的成本和空間，如果必須選擇，就選擇風險更低、損失更小的那種。

在犯錯後，更要學會自我反思，舉一反三，不逃避責任，不找藉口。如果在同一個問題上反覆試錯，那麼就失去了意義。

在汕頭大學的一屆畢業典禮上，姚明作了題為「人生沒有彩排」的演講。

他用一個具象的例子鼓勵大家勇於試錯。他說：「我在NBA總共出手了6408次，投進了3362個球，失手了3046次，另外還有1304次的失誤。如果沒有這四千多次錯誤，我也成不了今天的我。」

但姚明也表示，試錯是建立在球隊的寬容和自身快速成長的基礎之上的，他說：「很多球員不像我這麼幸運，他們或許只犯了幾次甚至一次錯誤，就失去了在NBA延續職業生涯的機會。」

趁著年輕，一定要去試錯，但不能盲目試錯，否則你所謂的試錯，不過是在浪費時間。

每個人的成長，都需要不斷去試錯，很多東西只有自己親身經歷之後，才能說好與不好。

為什麼年輕要不斷地去試錯呢？因為你還有足夠的時間，就

算錯了也還有改正的機會,透過改正則能更好地實現自己的價值。

我們都想在將來過上自己想要的生活,但如果不去嘗試,怕是你連什麼是自己真正想要的都不知道。

年輕的你,要勇於試錯,任何一次失誤,都是屬於自己的財富。跌倒了就爬起來,我們會在一次次跌倒中,不斷地累積經驗,為未來做好準備。

每個人的人生都只有一次,不要用最寶貴的青春為別人而活。願你在試錯中不斷成長。

# 你要活成
# 自己喜歡的樣子

## 01

六年前,我開始學開車,遇到了一個老車友,他每次上車都專心致志地練習,完全不理會別人詫異的目光。

休息的時候,我們兩個攀談起來,當得知他50多歲後,我笑著說:「你可真有毅力,我要是你這個年齡就不學了。」

他笑了笑說:「確實,我學車的時候,家人和朋友都不同意,他們覺得都這麼大年紀了,沒必要折騰下去了,但我就是想學。」

交談中我才知道,他一直喜歡開車,因為早些年沒有機會就停頓了,後來,自己摸索著學會了開車,但一直沒有駕照,過了一段時間後,他覺得這樣不行,想考駕照跑運輸。

當他和家人說自己的決定時,家裡一致反對,他學習的過程很艱難,兩次都沒考過。後來,教練也有些不理解,但這位車友是不服輸的人,他一直堅持。

後來，聽說他拿到了駕照，買了一輛小卡車，運輸跑得非常順利，日子過得也很舒心。

　　只要知道自己想要什麼的人生，定然不會太在意別人的看法，也不會因為前進路上遇到的困難而繳槍投降。他們會克服困難，披荊斬棘，讓自己的人生更漂亮。

　　讓自己不被別人的看法左右，就是對自己最好的肯定，否則，你只能在別人的看法裡活成一個笑話。

## 02

　　朋友小劉是一個搖擺不定的人，也正是因為太在意別人的看法，所以到現在一事無成。

　　大學畢業後，她開始找工作，當她信心滿滿地跟朋友說自己想去Ａ公司時，朋友說：「我覺得你還是算了吧，Ａ公司那麼難進，你去面試也是浪費時間。」

　　朋友這麼一說，小劉瞬間就像洩了氣的皮球，她以為就算自己再努力也不會獲得進入Ａ公司的資格。當她放棄時，別人卻順利地應徵成功了，為此她懊惱不已。

　　前段時間，她立志減肥，正當她滿懷信心時，朋友卻說：「你都這麼胖了，還有必要減肥嗎？再說減肥有什麼意思啊，我反而覺得做個胖子很快樂。」

　　小劉突然覺得朋友說得很對，就放棄了減肥，到現在她還是

一個胖子，還經常因為自己的外形導致穿不了很多心儀的衣服而懊惱。

其實，那些優秀的人，不是運氣有多麼好，而是不輕易讓自己陷入別人意見的泥潭中。恰恰相反，他們懂得怎樣實現自己的價值，讓自己的未來更加璀璨。

一個真正成功的人絕對不會在意別人的看法，會想辦法讓自己變得更好，就算這個過程非常艱難，他也一定會堅持下來。

## 03

還記得小馬過河的故事嗎？

小馬過河的時候，松鼠說河水很深，會淹沒了牠，要牠千萬不要過河；老牛卻說河水不深，才淹過牠的小腿。最後小馬試著過了河，才知道河水不像松鼠說的那樣深，也不像老牛說的那樣淺。

事實上真是這樣，在人生這條路上，我們會聽到很多不同的意見，也會因為這些意見不知所措，可是這真的不重要。所有的事情都需要你親自去試，也只有試了，才會知道最終的結果。

但生活中，有太多的人容易被別人左右，別人說不好就覺得自己真的不好，盲目按照別人的模式修正。

那些成功的人都是能堅持自我的人，不論別人怎麼說，都會努力下去；而失敗的人太注重別人的意見，沒有核心。

認定了某個公司的錄取通知，就努力去做，大不了從頭再來；想減肥就制訂計畫堅決執行，等你瘦下來的時候，才知道這份堅持有多麼重要。

　　如果你不想讓自己活成笑話，那麼從今天開始請不要太看重別人的看法，因為這等於給自己上了一副枷鎖，當你想打開的時候，卻發現早已無能為力。

　　那些真正優秀的人都努力地活出了自我，而不是在別人的意見裡繼續沉淪、失去自我。

# 別讓壞的心態，
# 毀了你的人生

## 01

　　生活中，千萬不要有「玻璃心」和「橡皮心」這兩種心態。

　　作家契訶夫的《小公務員之死》講了這樣一個故事：

　　一個公務員在劇院看戲時不小心對著一位將軍的後背打了個噴嚏，便疑心自己冒犯了將軍。他三番五次向將軍道歉，結果惹煩了將軍，最後在被將軍呵斥後，他竟一命嗚呼了。

　　在將軍背後打了個噴嚏後，這個公務員便臆想不斷，越想越害怕，所以只能不停地道歉。他以為只有這樣，將軍才會原諒自己。

　　殊不知，剛開始將軍根本沒當一回事，倒是他沒完沒了的聒噪讓將軍失去了耐性，最後被呵斥而失去了性命。

　　這公務員不是死在自己的魯莽上，而是死在自己的「玻璃心」上。

　　這個故事看似荒誕，但也說明了「玻璃心」的人有一個共同

點,就是都具有把自己的感情、意志、特性投射並強加於他人的一種認知傾向,而且極其敏感、膽怯、羸弱。

「玻璃心」的人特別敏感。三個人在一起時,其中兩個人之間談話多一點,他可能就會覺得別人在針對他;別人關門聲大一點,他可能就覺得別人討厭自己;跟別人聊天,對方沒有立即回覆,他便會臆想出來一大堆可怕的事情⋯⋯

他們一直生活在自己的世界裡,一旦發現別人和自己不一樣,便會覺得自己受到了傷害,內心極其不安。

## 02

生活中,不只是「玻璃心」,「橡皮心」也會讓人崩潰。

這些人,不僅沒有神經和痛感,而且沒有效率和反應。整個人好像是橡皮做成的,不接受任何新生事物和意見,對於任何批評、表揚都無所謂,一副油鹽不進的樣子。如果想改造他們,力度小了他們根本不在乎,力度大了,還會反彈一些不滿過來。

有個朋友是一家諮詢公司的業務主管,他手底下就有一個這樣的人,每次千叮嚀萬囑咐,他依然完成不了工作。有時候,朋友特別生氣,就批評他幾句,沒想到他不僅沒有意識到錯誤,還一副職場老油條的樣子。

朋友多說了幾句,沒想到他跳起來指著朋友說:「不就是沒完成工作嗎?你有必要沒完沒了地糾纏下去嗎?」對方說完後,

朋友愣了一會兒，因為他突然不知道該如何回答。

朋友說：「遇到這種人，真是糟糕透了，對方簡直就是一塊木頭，明明是他的錯，最後卻把自己氣得夠嗆。」

後來實在沒有辦法了，經過公司研究決定，這名員工被開除了。

「橡皮心」的人就是這樣，說得輕了，會依然我行我素；說得重了，就會跳起來和你吵。總之，所有的問題都不是他的錯。任憑你說破天，他就堅持做自己，一副兩耳不聞窗外事的樣子，真的特別招人煩。

不單是「玻璃心」能成為一個人的生活障礙，「橡皮心」也會害了一個人。生活中，無論是「玻璃心」還是「橡皮心」，都是解決不了問題的，因為沒有人會把你當成核心，如果你敏感脆弱或者總是無所謂的「橡皮心」態度，自然要為自己的行為買單。

其實，一個人暫時能力差，真的不要緊，只要虛心好學，努力提升，那麼就一定會活得開心快樂，就怕你有「玻璃心」或「橡皮心」。

這世上沒有隨隨便便的成功，沒有人會一帆風順，一個人所謂的委屈，不過就是自己的心態在作祟。承受住壓力，凡事充滿熱情，才能更好地實現自己的價值。

## 03

前段時間,有一件事上了熱搜,一個網友貼文說:「老闆跟我說話,我回覆了一個『嗯』,結果被老闆批評。」

老闆覺得這位員工做得不對,他覺得對上司和客戶都不要回覆『嗯』,所以就批評了她。

這個網友心裡非常不爽:「我不能理解,月底就準備走人了。」她本想貼文尋求共鳴,沒想到遭到網友一邊倒的批評。有網友說:「碰到這樣耐心教你的老闆算不錯了,還這麼不知足。」

其實,這個網友也沒有做什麼,只不過是回覆了個「嗯」,那麼為什麼大家都批評這個網友呢?那是因為他們覺得人在職場,最煩的就是「玻璃心」。

有些人就是這樣,他們有很脆弱的「玻璃心」,受不了一點委屈,看不得一點臉色,聽不了一句重話。只要老闆批評,立馬就想捲舖蓋走人,從來不考慮自己的問題。

人在職場混,哪有不受委屈的。如果被說一句就覺得天塌了,這樣的人根本不適合職場。

有句話說得好:在職場混,最怕你沒有公主命,還一身公主病。

鐵娘子董明珠說過,要讓上級哄著你做事的,請回到你媽媽身邊去,長大了再來面對這個世界。這個世界的現實太殘忍,你

想過得更好，意味著你要加倍努力奮鬥，而不是抱怨。

職場有時候很簡單，上司不會多和你講情面，服就留下，不服就離開，職場確實不相信眼淚，所以很多時候，你必須收起「玻璃心」，扛住事，也只有這樣，你的前途才會更光明。

## 04

很多年輕人覺得「橡皮心」離自己很遠，事實上，身在職場二到五年內，有八成的人變得越來越「橡皮」。

「橡皮心」和「玻璃心」是兩個極端，「玻璃心」說不得，「橡皮心」說了不聽，油鹽不進。

從表面上看，「橡皮心」在職場上似乎是「刀槍不入」的心態，不容易被工作影響情緒，不僅不會給自己帶來傷害，還能給自己帶來短暫的快樂。

但這種心態是不健康的，你的「橡皮心」早晚會毀掉你。擁有「橡皮心」的人，絕對不會以開放、投入的態度對待工作，如果一直這樣下去，麻木、無所謂等情緒就會彌漫開來。

而這些，都是「橡皮心」惹的禍！

職場不是自己的家，主管不是爸媽，企業是為了營利的，如果你消極怠工，對工作是無所謂的態度，沒有工作熱情，一副自暴自棄的狀態，那麼等待你的就是被炒魷魚。

一個人如果沒有「玻璃心」或「橡皮心」，那麼成功是早晚

的事,那些擁有好心態做事的人,最後都成了高手。

奇虎360創始人周鴻禕告誡年輕人:「人在年輕的時候應該讓自己的心變得粗糙一點,能夠承受各種痛苦,能夠丟掉虛榮的面子,能夠凡事不往心裡去,始終充滿熱情地奮鬥,這樣才能贏得更多青睞,這樣才能走得更穩,走得更遠。」對此,我深以為然。

願你在以後的生活中,丟掉虛榮的面子,對工作充滿熱情,丟掉「玻璃心」和「橡皮心」,凡事不往心裡去,虛心努力學習,堅持下來,那麼你的人生之路一定會更開闊,共勉之。

# 人在低谷時，
# 別去打擾任何人

01

當我們面臨困難的時候，以為只要說出來就有人幫自己；當我們在低谷時，以為只要自己做得對，別人就會認可。

長大後卻發現這一切不過是自己的一廂情願，也終於懂得人在低谷時，說什麼都是沒用的，就算你對別人掏心掏肺，別人也不會高看你一眼。

這世上從來沒有真正的感同身受，甲之蜜糖可能就是乙之砒霜，但明知道是這樣，很多時候我們卻特別喜歡訴說，總想讓別人理解自己的苦，但這真的不實際。

無論你的生活怎麼苦，與別人都沒有關係，因為每個人都有自己的苦，你要做的不是逢人訴說，而是自我消化。

任何時候都要知道，若是深陷低谷，自然是人微言輕，這個時候懂得閉嘴就是最明智的。

## 02

　人生在世，不如意的事十之八九，每個人的一生都不可能一帆風順，或多或少都會遇到一些問題，只是有的人習慣隱忍，有的人習慣把苦說給別人聽。

　很多時候我們以為當別人瞭解了自己的苦，就會幫助自己，殊不知大多數情況下，他們會選擇遠離，甚至會跟自己劃清界限。

　我在網路上看到一個視頻，深有感觸：

　有個男人創業失敗，很快和自己的幾個好哥們兒說了，他本來以為大家會幫他度過難關，但沒想到現實卻如此殘酷。

　念及兄弟情的還會安慰他兩句，不念兄弟情的則直接和他斷絕關係，一時間他陷入了絕望的境地，他所想的完全不是這個樣子，但現實卻是這個樣子。

　後來，這個男人終於懂得了人情冷暖，自己的問題不再和別人說，而是積極面對自己的困難，想盡辦法讓自己好起來。

　經過自己的打拚，他終於東山再起。

　任何時候都不要指望別人瞭解你，指望別人能和你想的一樣。大家是不同的人，自然無法在事情上意見一致，既然不一致，那麼就別勉強。

　生而為人，最明智的做法就是做好自己，我們雖然改變不了別人，但是能改變自己。若是自己受了委屈，沒必要傾訴，留在

心裡，或者找個沒人的地方喊幾聲，未嘗不是一種明智的解決方式。

你的苦永遠是你自己的事情，與別人無關，無論多難，這條路都是你自己選擇的，既然是自己選的，又怎能怨別人呢？就算跪著也得走完吧。

## 03

這是一個看實力的時代，如果你有足夠的實力，那麼根本不需要你多言，你的觀點就能吸引別人，如果你沒有實力，就算你再努力也只是白費。

當你沒有成就的時候，別人看你的眼光是不一樣的。與其因不被理解而痛苦，還不如別說出來。

這一點，朋友王強深有體會。

王強用了很長一段時間建立起了自己的一套理論體系，當他向別人介紹這套體系的時候，沒想到別人直接不搭理自己，他不知道問題出在什麼地方。

明明自己很努力，對別人也特別真誠，為何換來的卻是這樣的結果。

當他和朋友說這件事的時候，朋友告訴了他答案。朋友問他，事業是否取得了成功？是否實現了自己的價值？王強表示沒有，反問朋友這有關係嗎？

朋友笑著說:「在這個時代,大家都是看結果的人,你現在什麼都沒有,就算你的理論體系再厲害,又有什麼用呢?大家從你身上看不到想要的結果。」

朋友的話讓王強恍然大悟,實際上真是這樣,很多時候我們完全忽略了自身,自己都不成功,別人又怎麼可能相信呢?

人在低谷時最好的辦法是絕地反擊,而不是指望別人,因為靠山山會倒,靠人人會走,只有靠自己最好。

人生實苦,這世上確實沒有感同身受,不要怪別人不理解你,因為如果角色互換,你也不會理解別人,這是身分不同導致的。

我們生活在不同的圈子裡,如果你在一個圈子裡沒有任何自己的東西,那麼早晚會被圈子淘汰,如果你不提高自己,那麼認識誰也沒用。

俗話說,打鐵還需自身硬。這句話很簡單,但道理卻不簡單,很多時候我們就是忽略了自身,才讓自己一敗塗地。

若是現在的你正好深陷低谷,那麼請不要去打擾任何人,不要消沉,沉下心來奮鬥出一個絕地反擊的故事,只有這樣才不枉在這人世間走一遭。

# 生活有裂縫，
# 陽光才會照進來

01

見到王姐的時候，我在瞬間就被她吸引，她舉止優雅得體，笑容讓人如沐春風。如果不是知道她的故事，我很難把她和癌症聯繫在一起。

王姐這幾年過得很辛苦。前兩年和老公一起做生意賠了個精光，上班一段時間後又被辭退，本以為霉運到頭了，沒想到又查出了乳腺癌。

命運跟她開了一個又一個玩笑，在接二連三的打擊下，王姐還是扛了下來，每天都笑對生活。看到她的樣子，我曾一度以為被命運打擊的人不是她，而是別人。

熟了之後我問過她，難道真的能承受得住這麼多打擊嗎？王姐聽後呵呵一笑：「承受不住，然後呢？難不成要死要活？」

我突然覺得王姐說得很有道理。無論怎樣，生活總要繼續，悲傷難過、怨天尤人是一天，開心快樂、舒舒服服也是一天。既

然有些事已經很難改變，為何不讓自己放鬆一點呢？

我們都渴望一帆風順的生活，但人這一生，不如意事十之八九，生活不會完全順著我們的意願，而磨難不過是生活裂開的一個口子。透過縫隙，溫暖的陽光才能照進來。

## 02

我看過一則寓言，內心深有感觸。

一個挑水工有兩個用來挑水的瓦罐，一個完好無損，另一個有一條小小的裂縫。

有裂縫的瓦罐總是自怨自艾，覺得自己特別失敗，甚至找不到自己的價值。每次那只完好的瓦罐總能把整罐水全部運回主人家裡，而自己卻只能運回半罐，時間長了，它變得越來越自卑。

後來，挑水工溫和地對它說：「你為何不把注意力放在路邊的花上呢？在你的這一邊，我播下了花的種子，每次我挑水回來的路上，你就順路澆灌了路邊的種子。你看，現在這些花兒多漂亮。」挑水工說完，這只有裂縫的瓦罐恍然大悟。

面對生活的縫隙，聰明的人不會揪住不放，他們會用這些裂縫給生活增添一點別樣的芬芳。只有自怨自艾的人才會一直難過悲傷，時間久了心情越來越差，自己也會陷入深淵中。

有人說，生活就像一個多元多次方程組，常常讓我們無從求解，而打開生活這把大鎖的萬能鑰匙就是自己的態度。當自己快

樂了,整個世界都是快樂的。

## 03

有個同學以前一直處在焦慮中,總覺得生活太壓抑,找不到樂趣。有一次,他出了車禍,萬幸沒有大礙。經歷了這次劫難,他變了,變得樂呵呵的,從前那種悲傷陰霾一掃而空。

我問過他,同學說得很實在:「這世上沒有什麼比活著更重要,既然能好好活著,何必自怨自艾呢?」

我們總是焦慮,抱怨生活的不公平,覺得自己就是那個最失敗的人。但你真的認真對比過嗎?你可能不知道,有多少人正羨慕著你的生活,又有多少人為了過上你這樣的生活在拚命努力。

我們都在努力維持一種平衡,害怕平衡被打破,害怕倒楣的人是自己。其實,這真是多慮了,因為在別人眼裡,你的幸福是那麼耀眼。

人就是這樣,只有受傷了,才知道身體健康有多重要;只有經受一些磨難,才知道生活有多美好;只有遇到了生活的裂縫,才知道陽光有多溫暖。

如果生活讓你措手不及,請不要心慌,認真面對這個裂縫。因為有了這些裂縫,我們才更加懂得陽光的珍貴。

## 第二章 Chapter 2

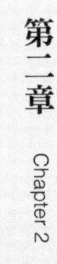

世間大雨滂沱，
你要藏好軟弱

# 世間大雨滂沱，
# 你要藏好軟弱

## 01

朋友曾在一家非常不錯的公司上班。如果沒有那次裁員，或許他還會朝九晚五地上著班，過著屬於自己的生活。

他找各種關係，試圖能讓自己留下，最後盡力了，失敗了，心也寒了。

被辭職之後，他開始找工作，但卻一直碰壁。人倒楣的時候，連喝涼水都會塞牙縫，剛開始他還不相信，但現在完全相信了。

屋漏偏逢連夜雨，孩子在這個時候又生病了，那一刻他差點兒崩潰了。面對這些突如其來的事情，他知道自己沒有退路了。

如果你不去努力，那麼這個世界上沒有人會可憐你，整個世界只會看你的笑話。

世間大雨滂沱，你只能藏好自己的軟弱，開始來一場絕地反擊。

於是,他放下架子開始擺地攤,擠出時間努力賺錢,用最快的速度適應這個社會。我曾在微信上問他:「苦嗎?」他回答:「當然苦啊,但當你沒有退路了,努力是唯一拯救自己的方式。」

其實,很多時候我們對某件事並不是做不到,而是以為一切還有機會,還抱有僥倖心理,但如果真的沒有退路了,那麼就會努力去做了。

生活稍微有點起色後,他開始了創業,在創業的過程中也是吃盡了苦頭,但幸運的是,結果越來越好,屬於自己的柳暗花明似乎正在向他招手。

後來,他創業成功了,不論是財富還是個人價值都得到了大幅度的提高。回望自己走過來的這段路,他感慨萬千:「幸虧沒放棄,還好努力了,要不然這一切真的是一個遙遠的夢。」

這個世界真的很殘酷,也許我們拚命地努力不過是為了一個機會,透過努力來改變自己的命運,可能一開始真的很難,但那又怎樣呢?

有時候,除了努力,我們真的一無所有。

## 02

努力或許無法活出自己的價值,但至少可以讓生活過得更好一點。

你有沒有見過為了生活拚盡全力的人,我見過,高中同學李

冉就是這樣的人。

李冉出生在一個非常貧困的家庭,如果父親不出意外,那麼這個小家還能維持下去,但很遺憾,人生沒有如果,在一個月黑風高的夜晚,父親出車禍永遠離開了。

這時,我們已經到了高三衝刺的關鍵時刻,但李冉還是選擇了放棄高考。剛離開學校的前兩天,李冉整個人的狀態都不好,他把自己關在屋子裡,拒絕與任何人講話。

母親含著淚說:「媽對不起你,要是我有能力,也不會拖累了你,要是你爸還在,我們家也不會這樣。」

聽到母親的自責,李冉心裡更不是滋味,他只能安慰母親,在夜深人靜的時候獨自流淚,他知道在命運的面前,自己根本無能為力,他沒有資格埋怨母親,埋怨這個給自己生命的人。

看著光禿禿的牆上貼滿的獎狀,他經常會莫名其妙地發狂,人生難道就這麼完了嗎?為了補貼家用,他跟村裡人一起去外面打工,幹最辛苦的活兒,拿最卑微的酬勞。

人生一旦陷入谷底,彷彿唯一能做的就是絕地反擊。

李冉想改變了,夜晚,當工友們在打撲克牌的時候,他在昏暗的燈光下學習,他想透過高等教育自學考試來改變自己的命運,就算看不到終點,也要奮力一搏。

其實,很多時候就是這樣,如果你去做,可能會獲得想要的成功,但如果你不做,等待你的好像只有失敗。

海明威曾經在《老人與海》裡說:「一個人可以被毀滅,但

不可以被打敗。」

為了改變，李冉拚盡全力，終於順利通過了高等教育自學考試，找到一份不錯的工作，也終於改變了自己曾在谷底的命運。

有次一起吃飯，李冉說：「生活沒有給我留下退路，如果往後退一步就是萬丈懸崖，那麼我會摔得粉身碎骨，但是我不想死，還想活著創造屬於自己的輝煌，所以我只能努力。」

所有努力的人都會讓你刮目相看，因為他們有了改變的底氣，自然會得到上天的垂青。

## 03

我們每個人都有夢想，都會面臨生活的考驗，都想活得舒服一點，所以在生活面前我們沒有理由偷懶，只有瘋狂地努力。

那些天生好強的人，命運拿他們真的沒辦法，因為他們會想盡一切辦法披荊斬棘，會讓自己的人生之路越來越順暢。他們自然會得到命運的垂青，實現自己的人生價值。

天生好強的人，會做命運的主人，用好所有的時間；天生弱的人，自然會是命運的奴隸，稍微遇到一點困難就會退縮，虛度了光陰。

如果你一直虛度光陰，那麼光陰也會辜負你。命運把你放在一個低點，是為了給你一個絕地反擊的機會，而不是讓你趴下，一蹶不振。

人只要努力了,日子總會過得越來越好,從開始的苦到最後的甜,肯定要經過命運的洗禮,讓自己沒有退路,這個時候就算前進一步都是不小的進步。

　　越努力越幸運,這句話說得對,你只要努力就會改變,因為每個人的人生存在著無限的可能性。

　　錢鍾書說:「人生有兩種境界,一種是痛而不言,另一種是笑而不語。天下就沒有偶然,那不過是化了妝的、戴了面具的必然。」

　　那些瘋狂努力的人,才是最厲害的人,當他們飽受了生活的苦,自然會得到生活的甜。

# 凡事都靠別人，
# 才會越混越差

## 01

我在知乎上看到一句話，深以為然：「如果一個人一直想靠別人，那麼他一定會受到致命的懲罰，暫時的依靠或許能得到暫時的改變，但終究不會長久。」

在工作中，我們經常會遇到一些棘手的問題需要向同事請教，有的人請教一次後很快就會知道怎麼做，而有的人再次遇到相同的問題則還是不會。

為什麼會這樣？

因為惰性。有的人，一旦別人解決了自己的燃眉之急，就不會再去考慮這個問題，當下次遇到時依然不會，陷入惡性循環中。

因為你凡事都想依靠別人解決，所以你的能力並沒有絲毫提升，最終成為公司的最底層人物。

朋友H在一家外貿公司上班，由於經常與外國客戶打交道，

所以公司對她們的英語水準要求很高。雖然H的英語檢定已經過了八級，但還是感覺有些力不從心。前段時間公司裡來了一名有關係的實習生，她的英語水準並不是很好。

主管覺得只要能在公司裡有很好的歷練，那麼應該很快就會適應。剛開始，小姑娘虛心好學，每次遇到不懂的問題就找H請教，H也非常有耐心。但時間久了，H發現一個問題，有些語句這個小姑娘已經問了好幾遍了，但還是一直問。

有一次，小姑娘又來請教H問題，H說：「親愛的，我記得你這個問題已經問過好多遍了。」小姑娘眨了眨眼，一臉懵懂地說：「真的嗎？我都不記得了，每次解決完我就忘了，英語真是讓人頭大，我懶得去想。」小姑娘說完後，H一臉無奈。

## 02

很多人都是這樣，他們從來沒有想過持續學習，把別人當成免費的諮詢顧問，這不僅讓別人反感，還讓自己的工作能力越來越低，時間久了，注定會被淘汰出局。

因為懶惰，嫌麻煩，我們心安理得地麻煩別人，總覺得工作混一天是一天，沒必要那麼認真，可是你要知道，你在混工作的時候，工作也在懲罰你。

朋友小榮是一家報社的記者，剛入職的時候，小榮非常自卑，因為在強手林立的報社，她只是一名廣播電視大學遠程教育

的畢業生。

和她一起入職的同事學歷不錯，報社給她們三個月的試用期。這名同事根本沒有把小榮放在眼裡，只要遇到事情，她就去問同事，雖然有很多問題她明明知道是重複的，但她懶得查資料。

小榮不同，她遇到事情會找同事請教，找到解決方法後，她會把問題的答案記到一個小本子上，絕對不會找別人請教相同的問題。她說：「這樣記下來，印象就會深刻，不僅少了麻煩別人的頻率，還能提高自己的工作能力。」

三個月試用期結束後，小榮最終留了下來。在一次部門會議上，主任說：「學歷並不能衡量一個人的最終價值，能獨立解決問題，讓自己的能力越來越高，這才是關鍵。」

## 03

有時候，我們會遇到這種情況，明明自己很努力，但到最後卻什麼也不會，還險些被公司炒魷魚，這到底是為什麼？

靠別人的努力其實是一種假象，這種假象不僅蒙蔽了自己，還蒙蔽了大家。別人以為你水準很高，但只要讓你獨立負責一件事，你就會露餡兒，他們甚至不知道為何會有這種結果。

認真努力的少，胡亂努力的多，直接導致我們在同一個機會面前敗走麥城。這是多麼殘酷的道理。

你的獨立能力越強，那麼你收穫的肯定更多，當遇到失意時，別怨天尤人，你完全可以靜下心來想想這到底是為什麼。在職場中，聰明的人不會怪機會少，因為他們知道自己付出的有多少。

我在寫作圈認識一個朋友，她真的非常努力，但幾乎從來不上稿，為此她非常鬱悶。她問我：「你說寫作是不是需要天賦，要不然我為什麼屢投不中？」一段時間的接觸後，我才知道她為什麼發不了稿子。

她寫稿非常快，從來不看雜誌要求，寫完後就把稿子丟給編輯。當編輯要她修改時，她可憐巴巴地說：「我真的不會改，你可否幫幫我？」剛開始編輯還給她一個範本，但後來她每次都是這樣。

然後就沒有後來了，很多編輯不喜歡她，她的作家夢還沒綻放就破滅了。這種人真的很可悲，寫稿本身是自己的事情，自己不認真修改還能指望誰？如果一直期望別人，那麼上不了稿也很正常。

## 04

當機會從身邊悄然溜走時，我們總能給自己找藉口：「身邊的人不都這樣嗎？大家都混得不好，我也無所謂了。」

我們總想依靠別人來改變自己，總想讓別人做自己的「拐

杖」，時間久了，我們竟然連路都不會走了。

　　過了二十五歲，你怎麼可以無限重複一勞永逸的生活？你不斷地安慰自己，得過且過，從來不去認真努力，從來不去改變，這樣有何意義？

　　人生會在不同的年齡階段有不同的分水嶺，你上了一所好大學，可能暫時比別人領先，但這並不代表你會一直持續下去，總想依靠別人走捷徑的人注定會摔得更慘，社會是公平的，工作能力是永遠不會背叛你的「好閨密」。

　　如果你在年輕時就想得過且過，那麼又怎麼會改變自己呢？走著走著，人和人的差距就拉開了，而機會永遠眷顧那些依靠自己的人，他們的未來也一定會越來越好。

　　依靠自己並不代表閉門造車，而是在請教別人的同時學會思考，在思考中提高自己的工作能力，讓自己能更好地勝任一份工作，讓自己有更多改變的機會。

# 我們都曾不堪一擊，
# 我們終會刀槍不入

## 01

王爾德說：「這世上只有一件事比被人議論更糟糕，那就是沒有人議論你。」

誰的青春不迷茫？誰的工作不委屈？大學畢業後，懷著滿腔的熱血開啟一段難忘的人生，無論工作中還是生活中，我們都曾因為別人不懷善意的議論而難過。

但最後，我們終究挺了過來，為了心中不滅的夢想繼續前行。

學長華哥是一位創業達人，是我學習的榜樣，但殊不知三年前，他窮得差點兒吃不起飯。當多數人的嘲笑蜂擁而至時，學長沒有半點氣餒。

大學畢業後，華哥進入一家不錯的國營企業，每天悠哉悠哉地生活，然而一年後，他不顧家裡的反對，選擇了辭職。母親流著淚問他為什麼，華哥沒有回答，後來他和我說不知道當時該如

何回答，說夢想好像太過於矯情。

辭職後，華哥馬上開始創業，在一沒有資金二沒有人脈的大城市，創業之路佈滿荊棘，但華哥彷彿打了雞血，每天5點起床寫策劃方案，白天到處拜訪客戶，吃閉門羹是常有的事情。

有一次，華哥去一家科技公司，剛進去保全人員就走了出來，說：「別到處發廣告，這地方不是你們這些人能來的。」

華哥一怔，繼而說：「哦，我不是發廣告的，是來談合作的，我是⋯⋯」華哥還沒有說完，對方不耐煩地說：「談什麼合作，你也不看看自己什麼德行。」

華哥還沒來得及解釋就被保全人員轟了出來。我問華哥當時的感受，他說：「我覺得這不能怪保全人員，要怪就怪自己，自己當時太落魄了。」

## 02

路就在腳下，只要你選擇邁步，就會離夢想更進一步。

華哥終於還是堅持了下來，無數個難忘的日夜，無數個挑燈夜戰的時刻還歷歷在目，但無論如何，華哥終於實現了自己的夢想。

前幾天我們一起吃飯，華哥說：「有夢想的人並不卑微，卑微的是有夢想卻一直不邁步的人。」

成長的路上，誰不是受盡白眼，誰不是在別人的奚落中默默

堅持？我們曾經脆弱過，會因為陌生人的一句話而難過，會因為別人的拒絕而痛苦，但這又有什麼，風雨過後才有彩虹。

如果你沒有受盡人後的苦，又有什麼資格成功？

每一個曾經弱勢的人，終究會強大起來，沒有任何人能阻擋你前進的腳步。他們可以干擾我們，講我們的壞話，甚至嘲笑我們，但奪不走我們努力下去的決心。

也許，我們的生活會暫時一塌糊塗；也許，我們的愛情充滿波折；也許，我們的夢想遙不可及；也許，在面對生活中重大的變故時，我們會不堪一擊，脆弱無比。

但這真的沒關係，一個人只有在經歷了生活的磨練和洗禮之後，才會變得更強大。

## 03

在公司附近的咖啡店，我再次見到了安安，那個一直被別人嘲笑身材的女孩。時隔三年後，她還是那麼豐滿，在這個以瘦為美的時代，她的「胖」有些另類。

雖然她還是曾經那個樣子，但是安安的心態徹底改變了。她再也不會因為別人的嘲笑而哭鼻子了，也不會因為自己的身材而深陷自卑中。

我問她：「沒想過減肥嗎？」她說：「以前想過，也曾恨自己為什麼會這麼胖，但後來發現這種深深的自卑不會給自己帶來

半點好處，於是我開始試著改變。」

安安熱衷於公益，她經常力所能及地幫助一些人，時間久了，這些人對安安的印象改變了很多，他們甚至覺得安安才是這個世界上最美的女神。安安說：「一個人的外貌永遠不會比自己的善良更值錢，我慶幸自己具備了後者。」

看到眼前這個女孩，我鼓勵她加油！安安說：「成長的路上注定充滿意想不到的事情，但我有能力讓自己變得更好，因為我已經穿上了刀槍不入的鎧甲。」

一個人的行為裡藏著自己的未來。面對曾經受過的苦難，我們完全可以微微一笑，因為生活就是這樣，我們總要逼著自己繼續成長，直到變成最滿意的自己。

人生路漫漫，所有的嘲笑和磨難都會結成疤，在疤上開出花來。雖然曾經的我們都很懦弱，但終究會變得堅強。

## 04

初入職場時，我們都一樣。我們都曾經柔弱無助、不堪一擊，委屈的時候，只能躲到公司的洗手間裡偷偷地掉眼淚，回家後憂鬱得吃不下飯，連做夢都會瑟瑟發抖。

無數次我們脆弱得幾乎無力堅持，無數次我們痛苦地流淚，所幸最後，我們依然昂首站在歲月中央，有了銅牆鐵壁般的盔甲。

有人說過:「今天很艱難,明天更艱難,但是後天將是美麗的。」我相信只有人生充滿樂觀的心態,才會走過很艱難的今天和更艱難的明天。

我們都曾在尋夢的路上跌倒無數次,但慶幸的是我們終於堅持了下來,雖然沒有太大的成就,但練就了雲卷雲舒的心態。縱使嘲笑像鋒利的冰刃一樣飛來,我們也會用堅硬的鎧甲擋住。

我們曾經為夢想背井離鄉,因為自己的經濟實力尚不雄厚,因為自己的人脈還不夠廣闊,因為自己的內心還不夠強大,所以,我們的尋夢之旅充滿荊棘。每個人都會有最困難、最煎熬的幾年,當度過了這幾年,一切都會好起來,在此之前,讓自己變得足夠強大,讓夢想成為支撐。

王爾德說:「我們都生活在陰溝裡,但仍有人仰望星空。」

這個世界上並沒有一直陰霾的人生,只要你有在陰溝裡仰望星空的決心。多年後,你再回頭來看,就會發現當初別人的嘲笑與幼稚有多麼不值一提。

是的,年輕的我們都曾不堪一擊,但在歲月的洗禮下,我們終會變得刀槍不入。

# 不認輸，
# 生活就沒辦法撂倒你

## 01

人這一生，不如意事，十常八九。

沒有誰的人生是一帆風順的，也沒有誰一直陷入絕境裡沒有出路，只要你勇於撥開雲霧，那麼自然會見到天晴。那些功成名就、實現自己價值的人，只是比你多了堅持的鋼鐵意志。

他們知道破繭才能成蝶，百煉才能成鋼，堅持下來就一定會迎來奇蹟。

就算最後失敗了也是一種成功，因為在這個過程中累積的經驗是價值連城的，當你重新有了機會，那麼一遇風雲自然會變化成龍。

## 02

誠然人生很艱難，在這條單行道上我們會遇到數不清的麻煩，但如果你輕易認輸，那麼結果只能是輸得徹底。

真正的強者，是不會輕易認輸的，如果一條路確實走不通，那麼他們不會怨天尤人，而是尋找新的出路，重新實現自己的價值，雖然這很難，但只要在路上，就會有希望。

事實上真是這樣，有多少人遇到困難，直接不去嘗試就選擇了放棄，又有多少人覺得自己是最倒楣的人，一輩子都不會有大出息，正是有了這種認知，才注定一生碌碌無為。

最近，我在網路上看到湖南長沙的一個採訪，內心受到了強烈的震撼。

被採訪對象是一位51歲的大叔，叫姚志剛，如果你覺得對方只是因為年齡大而受關注，那麼就錯了，被關注的原因是他曾當過銀行行長。

一名銀行行長，成了外送員，這個落差得多大啊，可是大叔卻做得風生水起，現在已經是某站的站長了，他的目標是做區域經理，果然不設限的人生會有很多奇蹟。

如果沒有辭職，姚志剛可能會過著按部就班的日子，成為別人羨慕的人生贏家，但因為辭職，一切都發生了變化，因為厭倦了銀行裡的朝九晚五，所以他選擇和朋友一起創業。

但創業從來沒有那麼簡單，再加之姚志剛什麼也不懂，結果自然是失敗了，他堅持了3年，存的200多萬打了水漂。

　　如果是別人，可能無法接受這個落差，意志也一定會消沉，覺得自己此生也就這樣了，但是姚志剛不一樣，他在尋求新的突破。

　　後來，他開始送起了外賣。大家都以為他不會幹好，但沒想到入職一個月後，他竟然成了所在網站的單王，年輕人都不是他的對手，實在讓人可歎。

　　很多人覺得姚志剛的成功是偶然，實際上這是必然，因為他足夠勤奮，永遠不會認輸，即便失敗了也能盡快調整自己，時刻保持一個好的心態，這樣的人怎麼可能不成功呢？

　　反觀很多年輕人，遇到一點困難就放棄，覺得自己不是這塊料，殊不知這放棄的不是自己的事業，而是擁抱成功的決心。

　　任何時候都要知道生活的殘酷永遠和美好並存，說它殘酷，是因為它總會猝不及防地給你打擊，說它美好，是因為只要你努力去撥開雲霧，就會見天晴。

　　生而為人一定要記住，一帆風順是生活的假象，跌宕起伏才是生活的真相，在未來的日子裡，只要你不認輸，那麼生活就沒辦法撂倒你，你的人生也會迎來奇蹟。

## 03

　　遇到困難，大多數人會選擇逃避，這是人之常情，但逃避有用嗎？問題出現了，最好的辦法是解決問題，而不是逃避問題，只有徹底解決了問題，才會有新的突破。

　　無論在生活中還是事業中，多堅持一點，可能不會有好結果，但如果你不堅持，那麼一定不會有好結果。

　　生活實苦，我們要做的不是承受這份苦，而是把苦變成甜。

　　曾看過這樣一個故事：

　　有一位瘦弱的女實習生，因為第二天的會議需要加班做一份檔案，凌晨她獨自一個人待在空蕩蕩的辦公大樓裡，顧不上害怕，手指在鍵盤上忙到起飛。

　　眼見就要做完了，這個時候電腦突然藍屏了，這一刻女孩崩潰痛哭，她拍照發朋友圈求助，可是凌晨的朋友圈異常安靜，並沒有任何回覆。

　　平復了一會兒後，女孩重新啟動電腦，本想辭職，但僅僅是一瞬間，她又改變了主意，最後選擇擦乾眼淚重新再來。

　　這個時候，老闆看到了她的朋友圈，他給女孩發訊息：「會議延遲，你後天交吧，你可以轉正了。」

　　收到老闆的短訊，女孩喜極而泣，原來自己的努力沒有白費，她慶幸自己堅持了，如果不堅持，那麼斷然不會是這樣的結果。

人生就是這樣，給你一記悶棍的時候，會再給你一顆甜棗，但多數人在悶棍的敲擊下已經無力翻身，就沒辦法擁有甜棗了。

在這個世上，容易向生活認輸的人會得到生活最重的懲罰，不認輸而積極向上的人才是真正的王者。

餘生不長，願你曾吃過的苦照亮你人生的路，活成自己和別人羨慕的樣子。

# 放下過去的人，
# 才能活好當下

## 01

如果你覺得人生悲慘的話，那麼大學生陳向陽的人生只能用慘上加慘來形容。

陳向陽個子不高，皮膚黝黑，正準備考研究所的時候，父母出車禍撒手人寰，5個月後，爺爺因為悲痛過度也離開了人世，他突然間成了一個孤兒。

傷心難過的陳向陽被迫選擇了去工作，原本的人生規劃因為家庭變故徹底地改變了。那段時間，陳向陽完全換了一個人，自暴自棄，夜夜在酒吧裡買醉，生活一塌糊塗。

他無心工作，不知道未來的出路在哪裡，他就像一具行屍走肉，遊走在這個塵世間。

當一切已成往事，就算再痛苦也無力改變了。陳向陽說：「也許這就是命，人活在世上不認命不行。」

那段時間，我們為陳向陽感到惋惜，彷彿看到這個世界上多

了一個流浪者。

沒有人管他,他的生活也變得狼狽不堪,日子悄然從指縫中溜走,「振作」這兩個字在陳向陽的字典裡變得陌生。

當你不想去改變,放不下糟糕的昨天,那麼永遠不會迎來美好的今天和明天。如果不是那則廣告,我想陳向陽現在還陷入糟糕的昨天裡。

這則廣告很短,講述了一個人經過種種磨難最終逆襲的故事。最後的一句廣告詞深深地打動了陳向陽:「放不下昨天的磨難的人,不會有一個好的今天和明天。」

## 02

從那一刻開始,陳向陽想要改變,他不想繼續陷在糟糕的昨天裡自怨自艾,他想用盡最後的力氣來擁抱這個嶄新的世界。

他重新拿起了書本,又努力工作存錢作學費。天無絕人之路,挺過去這段黑暗的時光,終究會迎來柳暗花明。

記不清奮鬥了多少個日夜,陳向陽終於考上了心儀大學的研究所,之後又尋找到了適合的工作。

當你能忘掉曾經的痛苦,那麼一定會迎來美好的明天。人一旦沒有了退路,那麼就只能全力以赴了。

陳向陽終於邁出了新的一步,目前他是當地一家房產策劃公司的經理,完全有了自己的新生活,再也不是那個整天抱怨昨天

的人了。

愛默生說：「一個朝著自己目標努力的人，整個世界都會為之讓路。」

事實上真是這樣，我們很容易陷入曾經的苦難中無法自拔，覺得整個世界都騙了自己，再也不會去努力，只會遠遠地羨慕別人的幸福。

其實，過去的糟糕是對你的一種鞭策，不管你在生活中遇到多大的困難，你都要想辦法改變，千萬不要懈怠，更不要自暴自棄，生命是你自己的，沒必要在乎別人的看法和眼光，你自己過得精彩比什麼都重要。

只有敢於放下昨天的人，才有資格享受今天，擁抱明天。

既然結果已經這樣了，那麼我們就沒必要悲傷了，聰明的人會放下這段悲傷，找出失敗的原因，重新振作起來，爭取實現自己的價值。

## 03

我看過一句話，深以為然：「放下過去，才能成就未來。」

著名作家史鐵生曾是一個放不下過去的人，雙腿癱瘓後，他覺得自己的整個人生都完了，把自己狠狠地裝在套子裡，覺得自己是這個世界上最悲慘的人。

很長一段時間，他對「走」和「跑」之類的字眼非常敏感，

經常會莫名其妙地和母親發脾氣。有一次，母親帶著他去地壇裡散步，為了逗他開心，母親使出了渾身解數，當她不小心說了一個「跑」字後，便立刻不再說下去。

史鐵生氣地捶打自己的雙腿。後來母親去世了，她唯一放不下的就是這個殘疾的兒子。一個人如果不想辦法改變，那麼注定是沒有出路的。

幸運的是，史鐵生改變了，他開始放下過去，積極地擁抱未來，也才有了後面的經典散文〈我與地壇〉。

一個人對過去的態度裡藏著自己的未來，如果你能積極地忘掉過去，那麼未來自然會非常美好，如果你抱著過去不放，那又怎麼可能會有一個好的未來呢？

有人說，生而為人，上天早就設置好了一道道難關，有的人能用積極的態度對待這一切，而有的人則縮手縮腳，非常悲觀。

當然，這兩種態度也造成了不同的結果，有的人會摘下勝利的果實，而有的人依舊兩手空空，最後被這個世界淘汰。

## 04

放下過去可能會很痛苦，會讓一個人忍受生活的磨難，但請相信，風雨過後一定會有彩虹，也終有一天會靠自己破繭而出，綻放出驚人的美麗。

我佩服那些能夠放下過去的人，因為這需要很強的毅力，需

要不斷地抽打自己，用盡所有的力量來成長，也只有這樣，才會擁有一個美好的未來。

盧梭說：「磨難，對於弱者是走向死亡的墳墓，而對於強者則是生發壯志的泥土。」而那些能夠放下過去的人，沒有一個不想做生命中的強者。

我一直覺得苦難是成功途中的考驗。懦弱的人必然在苦難之下被淘汰，只有堅強的人才會走完自己想走的路程。過去的日子可能會讓你很痛苦，讓你暫時感受不到生活的甜，但請相信，等你嚐完生活的苦，一定會迎來甜。

我很喜歡周星馳主演的《武狀元蘇乞兒》，也被他的精神徹底打動。電影中他手腳經脈全斷了，每天苟活於人世，痛不欲生。父親為了讓他振作起來，用盡辦法，但他還是無法擺脫過去的痛苦。

後來，他終於振作起來了，也終究迎來了屬於自己的美好。有句話說得好：不經歷風雨，怎麼能見彩虹。同樣，如果不忘掉過去的痛，又怎麼能迎接未來的幸福呢？

## 05

其實，很多時候我們不是敗給了別人，而是敗給了自己，遇到事情時想得太多，不去改變，總覺得上天對自己不公平，給自己的苦難太多，從此以後就在這苦難裡無法自拔，錯失了很多想

像不到的美好,會因為自己過去的碌碌無為,而拒絕擁抱未來的美好。

網路上有個故事,有個人40歲之前什麼也沒有學到,他覺得自己就是一個十足的失敗者,根本無法走出過去的泥濘。有一次他跟朋友說自己想學畫畫,但害怕年齡太大,最後失敗。

朋友說:「如果你不學,那麼結果還是失敗,如果你不能勇敢地邁出一步,那麼結局一直是老樣子,你永遠是一個失敗的人。」

事實上真是這樣,有很多人就是這樣,害怕失敗而不敢開始,陷入糟糕的昨天中,不能自拔。忘掉過去重新開始吧!大不了大器晚成。

拿破崙說:「我們要放下過去,努力奮鬥,有所作為。這樣就可以說,我們沒有虛度年華,會在時間的沙灘上留下我們的足跡。」

人生真的很短暫,我們完全沒必要一直揪著過去不放,時間長了,你會發現這樣會害了自己,當你忘掉過去全力以赴的時候,就是花開的時候。

願你是一個放下過去,擁抱未來的人!

# 挺過酷寒的嚴冬，
# 才有溫暖的春天

## 01

我和朋友小房已經六年沒見了，這次見面，他的變化讓我大吃一驚，他的輔導班辦得有模有樣，成了年輕人中的佼佼者。

六年前，小房很窮，窮到靠信用卡度日。有一次我們一起吃飯，他說：「大哥，我覺得自己沒有未來，你看同齡人都買車、買房了，而我還是一無所有。」

他的父母是地道的農民，日出而作、日落而息，根本無力給小房提供幫助，看到同齡人的生活，小房陷入了絕望中。

人生最難的並不是不努力，而是不知道怎麼努力。

那段時間，他嚐盡了生活的苦，原本以為這就是最壞的結果了，但沒想到父親卻在這個節骨眼上生病。父親生病的時候，小房徹底絕望了，那種叫天天不應、叫地地不靈的無奈，他這一輩子也忘不了。

有人說，那些打不敗你的事，終究會讓你更強大，挺過苦寒

的嚴冬，終究會迎來溫暖的春天。那段時間小房想開了，他拚了命地努力，既然結果已經這樣了，那麼只要稍微前進一點點就是巨大的進步。

現在的他已經非常不錯了，買了大房子，也買了車子，他說：「我從來沒想過自己會有今天的生活，感謝這些磨難讓我的人生更加璀璨。」

事實上真是這樣，當一個人熬過了苦難的底線，挺過了嚴寒的冬天，生活逼迫他不會再在無用的事情上浪費哪怕一秒鐘的時候，等待他的就是陽光明媚的春天了。

## 02

每個人都有一段黑暗的日子，只有熬過那段黑暗，才能看到嚮往已久的黎明。

剛開始工作的時候，我特別窮，那段時間真的是窮瘋了，信用卡欠了很多錢，買不起車子，也買不起房子，原本以為只要努力工作就能實現夢想，但工資卻經常讓我捉襟見肘，那段時間極其痛苦。

很快我結婚了，但還是一無所有，不知道如何改變，更不知道自己的未來是怎樣的。兒子出生後，我的壓力更大了，在這個時候我選擇了辭職，然後欠債近20萬元，回家開批發超市，雖然很累，但至少能維持生計。

那段時間，我受盡了別人的冷嘲熱諷，但我挺了過來，在生活面前，所有的一切都不重要了，超市營運了兩年後，逐漸走上正軌，我的生活也有了一點起色。

這個時候，我重拾寫作，憑藉強大的自律，短時間內上遍了大多數期刊。憑藉一份要改變的決心，我經常奮戰到深夜，終於迎來了自己的春天。

寒冬真的不可怕，可怕的是你在寒冬面前縮手縮腳，失去了突破的勇氣，如果你自暴自棄，那麼生活也一定會陷入萬丈深淵。

在人生的道路上，我們只有靠自己才能打拚出一條生路來，這條生路注定充滿荊棘，我們要做的就是不要退縮，去迎頭搏擊，只有這樣才能迎來人生的春天。

## 03

生活並不是一帆風順的，很多時候會充滿苦難，在苦難面前，我們甚至會暫時不知所措，會痛到懷疑人生。

有些人在苦難面前繳械投降了，有些人選擇迎難而上，敢於亮劍。

我們都曾絕望過，都曾憂鬱過，都曾找不到屬於自己的未來，為生活的磨難而痛苦落淚過，但仔細想想，這些又有什麼關係呢？

年輕是我們最好的資本,哪怕只有一絲機會,我們也要奮力改變,在這個世界上除了我們自己,沒有任何人能幫助我們。有人看你笑話,有人給你的生活設置障礙,但這一切根本不重要,只要你想改變,那麼一定會實現。

　　苦難的生活環境確實讓人感到絕望,但如果你具有堅強的意志,具有積極進取的精神,發奮努力,就一定會克服這些困難,讓自己的人生更加輝煌。

　　如果你現在正在遭遇寒冬,那麼請一定要堅持,只要你握住命運的鐵拳,那麼一定會擊中生活的要害,讓你的人生大放光彩,用最好的姿態擁抱美麗溫暖的春天。

## 第三章 Chapter 3

別說懷才不遇，
可能是懷才不夠

# 人要過自省的人生

01

賈伯斯在史丹佛大學演講時曾說:「物有所不足,智有所不明,我總是以此自省。」

因為懂得自省,賈伯斯創造了一個傳奇,也正是因為自省,他實現了自己的人生價值。我們這一生會遇到各種失敗與磨難,不同的是有的人怨天尤人,指責別人,而有的人則從自己身上找原因。

時間久了,你會發現,懂得自省的人路越走越寬,怨天尤人的人路越走越窄,最終讓自己的人生之路更加艱難,最後一事無成。

說到底,懂得自省是一個人寶貴的財富。

02

大學畢業後,表妹選擇考研究所,雖然她很努力,但第一年

並沒有如願以償。

這要是換作別人，可能早就抱怨了，但是表妹沒有，她沒有怪自己運氣不好，也沒有怪題目出得太刁鑽，她覺得這完全是因為自己的知識不牢固。

雖然失敗了，但表妹沒有選擇繳械投降，而是深刻反思自己，繼續努力，積極備考。憑藉高度自省和持續的努力，在第二年的時候她順利過關了。

春節期間聊起這件事，大家紛紛對表妹豎起了大拇指。面對眾人的誇讚，表妹非常淡然，她告訴我們，如果失敗了不懂得從自己的身上找原因，那麼結果只能是持續失敗。

事實上真是這樣，我們一直說失敗是成功之母，之所以這麼說，是因為如果懂得在失敗中總結經驗教訓，那麼便能更好地擁抱成功。

拿破崙曾經說過：「不會從失敗中總結教訓的人，離成功是遙遠的。」

一個遇到問題懂得從自己身上找原因、努力調整自己的人，運氣自然不會太差，也一定會有美好的未來。

生活中，我們會遇到很多優秀的人，這些人並不是不會犯錯，而是犯錯後懂得時刻反省自己，不會讓自己犯同樣的錯誤兩次。

剛開始自省，可能感覺沒什麼，也看不到有什麼回報，但時間久了，你會發現自省會潛移默化地影響自己，會讓自己少走很

多不必要的彎路，會更好地實現自己的價值。

關於自省，我在網路上看到一句話，深有感觸：

「人最大的劣根性，就是雙眼都用來盯著別人和外邊的世界，難以自檢。所以，我們應該用一隻眼睛觀察周圍的世界，另一隻眼睛審視自己。」

我越來越發現，人生就是一個和自己較量的過程，當你懂得了自省，能深刻地認識自己，那麼未來的路真的不會太差。

## 03

遇到事情，很多人首先做的是從別人身上找問題，比如開車出了問題，先抱怨車不行，從來不考慮自己的技術。

記得有一次和妻子逛商場，有個司機倒車怎麼也倒不出來，我上去幫忙倒了出來。當車倒出來的時候，這位司機說：「都怪這破車，要是好車我早就出來了。」

他說完後，我沒有反駁，和一個不懂自省的人，真的無法溝通。不懂自省的人很可怕，明明是自己的問題，偏偏還怨別人，這樣的人怎麼可能有好的未來呢？

關於自省，我曾看過這樣一則寓言故事：

有一隻狐狸在翻越圍牆的時候，不小心滑了一腳。眼看就要從高空中摔下去時，牠一把抓住了旁邊的一株薔薇，才保住一命。

狐狸保住了命後，不僅沒有感恩薔薇，反而埋怨薔薇劃傷了自己。面對狐狸的指責，薔薇沒有說話，只是笑了笑，因為它知道跟狐狸無法溝通。

每個人都想走好未來的路，都想有一份完美的事業，但如果你不懂得自省，那麼很難成長，就算機會擺在面前，你也抓不住。

當一個人遇到事情時，懂得反躬自省、靜思己過，而不是一味地遮掩、逃避、推脫，那麼他就贏了，也一定會實現自己的價值。

魯迅先生曾說：「我的確時時解剖別人，然而更多的是無情地解剖我自己。」

正是因為無情地解剖自己，魯迅才成為一代文豪，成為別人學習的榜樣。倘若沒有自省，他很可能達不到這樣的高度。

作為成年人，任何時候都要知道，人生最大的敵人不是別人，而是自己，戰勝自己就等於戰勝了整個世界。

## 04

自省說起來簡單，但是做起來真的很難，因為沒有人願意拿自己開刀，把自己的問題暴露在大庭廣眾之下。

法國著名牧師納德・蘭塞姆的墓碑上刻著這樣一句話：「假如時光可以倒流，世界上將有一半的人可以成為偉人。」

很多人不明白這是什麼意思，有位智者表示就是不懂自省的意思。只有時光倒流了，這些人才會意識到自己的錯誤。但如果懂得自省，早點發現自己的錯誤，又怎麼可能不會取得成就呢？

人生是一條有去無回的單行道，每個人都會犯錯，但犯了錯並不可怕，可怕的是你不承認錯誤，一意孤行堅持到底，最終害了自己。

如果你仔細一點就會發現，這世上凡是有點成就的人都是懂得自省的人，他們會不斷地調整自己，讓自己變得更優秀。

《孟子》有云：「行有不得，反求諸己。」

這句話就是對自省最好的寫照。遇到困難了，沒必要求別人，完全可以求自己，因為自己才是最好的老師，懂得自省了，事業何愁不成功。

我看過一句話，特別喜歡：

「自省，是自我完善的必經之路。一個人唯有懂得反觀自身、躬身自省，才能主宰自己的心靈和命運。」

餘生不長，願我們懂得自省，活成自己和別人都喜歡的人！

# 有一種自律,
# 叫不抱怨

## 01

俗話說,萬般皆是命,半點不由人。

這句話看起來很消極,但事實上卻不是這樣的,雖然很多事情看似是注定的,但只要你去積極面對,就會有不一樣的結果。

我們可以信命,但不能認命,這是兩個概念。

如果你遭受了生活的苦難,心裡永遠無法逾越這個坎兒,那麼最後痛苦的就只能是你自己,但如果你不屈服,積極去改變,那麼結果真的不一樣。

被命運拴著的人最終都會受到命運最嚴厲的懲罰。

你可能覺得改變命運很難,實際上不是這樣的,只要你足夠積極,不去抱怨,你的人生就會足夠精彩。

## 02

相信你和我以及身邊的大多數人，都抱怨過命運，如果命運沒有按照自己的想法走，那麼就會痛苦，覺得自己是世上最悲慘的人。

你抱怨命運的時候，命運也不會給你好的回饋。

請允許我講個故事，這個故事是關於我兩個朋友的，一個叫有亮，一個叫張齊。他們兩個的家庭狀況差不多，如果沒有特殊情況，那麼他們的未來也應該差不多。

但是很遺憾，他們兩個人的命運大相逕庭。

先來說有亮，他一直活在抱怨中，雖然在這個家庭裡，父母竭盡所能，但是有亮就是覺得命運不公平，如果讓他生在一個好的家庭裡，那麼或許不是這樣的結果，他可能有好的事業，好的婚姻乃至好的人生。

但很遺憾，父母都是地道的農民，平常的日子都過得緊張，上大學的費用都是湊出來的。有亮在大學裡看到同學們都有手機，他就更難受了，不明白命運為何會這樣。

由於想了很久都沒有想通，他最後選擇了認命，既然命運注定是這樣，那麼還改變什麼呢？與其這樣煎熬，還不如接受。

就這樣，有亮向命運屈服了，他欣然地接受了命運，到現在也一無所有，好不容易拿到大學畢業證書，找工作更是費勁，他開始了按部就班的生活，心中也一直被抱怨充斥。

反觀張齊則是另外的命運，本來他的命運和有亮的差不多，父母也是農民，也沒有多大本事，但他不像有亮一樣抱怨，而是努力去改變。

　　上大學之後，他嚴格要求自己，因為知道以後想要什麼樣的生活，所以才會拚盡全力，在這份努力下，他的命運發生了翻天覆地的變化。

　　在大學裡，他就一直拿獎學金，還沒畢業就被學校推薦就業，總之所有的一切看似很戲劇性，但實際上是他努力的結果。

　　現在的張齊是一家企業的中層領導，深得大主管的器重，未來不可限量，他真的是用低點奮鬥出了一個絕地反擊的故事。

　　如果他一直抱怨，那麼斷然不是這個樣子，生活也不會這樣，幸運的是他沒有抱怨，因為知道自己內心的渴望，所以全力以赴了。

　　坦白來說，抱怨真的太可怕了，它會讓一個原本信心十足的人變得絲毫沒有信心，會讓一個能改變命運的人向命運屈服。

## 03

　　相信命運並不代表不能改變命運，你完全可以改變命運，給自己的人生帶來足夠的精彩。任何時候都要知道，抱怨真的會害了你，會讓你的一生都陷入黑暗中。

　　以前我看過一篇寓言故事，感觸很深：

在河流中有一種魚，牠的游泳速度特別快，一般活躍在深水區，但是這種魚脾氣特別大，遇到事情首先想到的就是抱怨。

一次，牠在河裡快速地游著，沒想到突然撞到了橋墩，這個時候牠生氣極了，就使勁去撞橋墩，撞得眼冒金星，然後氣鼓鼓地漂浮在水面上。這個時候正好有水鳥飛過，牠看到有魚，自然是飽餐一頓。

試想一下，如果這條魚不抱怨，撞了一下就算了，然後快速地離去，那麼又怎麼可能會成為水鳥嘴裡的美食呢？如果牠能控制住自己，那麼也不會釀成喪命的悲劇吧？

可是這一切又能怪誰呢？還不是只能怪牠自己，這一切說到底都是咎由自取。

## 04

《不抱怨的世界》裡有這樣一句話：

「抱怨就好比口臭，當它從別人的嘴裡吐露時，我們就會注意到。」

實際上真是這樣，抱怨除了讓事情變得更加糟糕外，沒有任何用處。在未來的日子裡，你只有不抱怨，才會贏，才能讓人生足夠精彩。

人生苦短，願你懂得抱怨的危害，做一個不抱怨的人。

# 你以為的勤奮，
# 可能是在瞎忙

## 01

現實中，賺錢多不一定付出多，有很多年輕人一直拚命地付出，但結果卻讓人不忍直視，與人們所說的「越努力，越幸運」背道而馳。

為什麼會這樣呢？這說到底就是方法和眼光的問題。

我認識兩個自媒體作者，一個特別勤奮，但是賺錢並不多；另一個跟勤奮不沾邊，但錢卻賺得多。賺錢少的朋友跟我抱怨，覺得這一切太不公平，甚至想放棄寫作。

後來我才知道原因在哪裡，賺錢少的喜歡賺快錢，不僅寫文章不用心，而且也不攝取知識，自己的知識面特別匱乏，寫的東西完全沒有深度。

賺錢多的朋友不僅特別注重文章深度，還會拿出一定的時間修改、打磨文章，雖然量上不去，但是質卻非常棒，文章自然會賣一個好價錢。

靠量生存的人付出很多，賺取很少，時間一長自然身心疲憊；而靠質取勝的人因為耐心打磨文章，寫作水準和稿費都有了大幅度提高。

俗話說，磨刀不誤砍柴工。但現在很少有人磨刀，而是急於砍柴，不僅如此，因為一開始領先，他們還覺得磨刀的人特別愚蠢。

但隨著時間的推移，結果顯而易見。

## 02

其實，不單是寫作，各行各業都是這樣，看起來付出多的未必能賺很多。

當你還在考慮月薪時，很多人已經開始計算時薪了。你抱怨老天偏心的時候，卻從來沒看到別人付出了多少，忍受了多少寂寞和痛苦。

很多人容易陷入一個惡性循環，覺得自己很努力，殊不知這種努力不過是無效的努力，方式錯了，越用力反而結果越糟。

有個朋友工作十幾年了，沒想到在公司的裁員大潮中失業了。朋友想不通，覺得這些年工作兢兢業業，就算沒有功勞也有苦勞，老闆的做法太讓自己寒心了。

但反過來想一下，職場不是慈善機構，老闆也不是你的知心好友，老闆要的永遠都是利益，如果你不能給公司帶來利益，還

要消耗公司的資源,那麼他又怎麼會留下你呢?

朋友這十幾年一直在混日子,他以為自己抱了個鐵飯碗,殊不知自己手裡拿的不過是個瓷飯碗,說不定在某一刻就會摔得粉碎。

一個人如果不學習,一直混日子,那麼結局一定是悲慘的。

如果一個人的忙碌沒有產生價值,那麼這些忙碌沒有絲毫意義,就像這位朋友十幾年的工作一樣,不過是一種內耗。

## 03

有時候,我們看上去似乎很忙,殊不知只是在瞎忙。

每天到公司裡不知道自己做什麼,對工作也沒有絲毫的規劃,經常是東做一下,西做一下,這樣混著混著一天就過去了,下班的時候才發現自己什麼也沒有做成。

可怕的是這種忙碌會給自己造成一種假象,覺得自己是公司的功臣,因為自己把時間都花在公司裡了,殊不知這種忙碌是老闆最不需要的,老闆需要的永遠是高效能的忙碌。

高效能的忙碌有兩個重要的評判標準。首先是產出與投入(例如時間和金錢等)之間的比值,比值越大,效率就越高,價值感也會越高。其次是結果與目標之間的一致性,也就是說付出與獲得是否成正比,這一點特別重要,如果你努力的方向偏離了軌道,那麼所有的努力都會白費。

很多時候,你的價值不是體現在自己眼裡,而是體現在別人眼裡,別人從來不考慮你付出的過程,只會關注結果。你做好了,會得到掌聲;做不好,就算再努力,也得不到贊同。

我們一直想做優秀的人,但最後卻發現自己是平庸的人,而事實上,優秀和平庸之間差距微小。優秀的人能把一件事做到極致,而平庸的人喜歡做太多事,但每一件都做不好。

一個人如果保持有效的努力,能把一件事做到極致,那麼就是一種成功,其價值感也會完全凸顯出來,成為別人學習的榜樣。

## 04

美國作家米哈里・契克森米哈伊在《心流:高手都在研究的最優體驗心理學》裡提出「心流」概念,即做某事時進入全神貫注、投入忘我的狀態,做完後充滿能量且非常滿足。

這說到底就是一種真正的忙碌,這個時候人產生的價值也是巨大的。而那些優秀的人一定會好好利用這段時間,讓自己的價值最大化。

哥倫比亞大學的喬許・戴維斯博士,在《每天最重要的2小時》一書中提出,當生理系統處於最理想的狀態時,每個人都可能表現出令人驚訝的理解力、情感控制力、解決問題的能力、創造力和決斷力,但其實這種時間不會持續太長。

人與人之間一開始的差距是很小的，但後來卻越拉越大，原因在於能力高的人懂得好好利用時間，會讓付出得到最大的回報，而普通人卻不這麼認為，他們在很多時候都是在浪費時間。

　　能力高的人會用好一天中效率最高的二至五個小時，在自己狀態最佳的時候，讓價值最大化，剩下的時間，才會去考慮那些不太需要策略性的工作。

　　一個人只有仔細考慮如何花費時間和精力，才不會陷入瞎忙的惡性循環。只有對工作、見識或長期目標都有一個良好的規劃，才能更好地實現自己的價值，共勉之！

# 別說懷才不遇，
# 可能是懷才不夠

01

　　我有個朋友特別有意思。

　　大學畢業後，他進了一家報社實習，一直抱怨主管不給他上稿的機會，覺得自己懷才不遇。

　　有一次，他指著報紙上的一篇稿子和我說：「你看到了嗎？這麼爛的水準，主管就讓上他稿。我的水準比這強多了，卻沒有機會，真是愁死了。」

　　我勸他冷靜下來等等機會。

　　後來，主管派他去做一個採訪，他非常高興，感覺大展拳腳的機會終於來了。可是採訪完之後，他突然發現自己根本不會寫稿，不是邏輯不行，就是結構有問題；不是語言不行，就是風格有問題。這一刻，他終於明白自己還有許多需要學習的東西。

　　很多時候，我們抱怨自己懷才不遇，覺得目前的工作根本配不上自己，只要給我們機會，就能一飛沖天。我們一直以為自己

缺機會、缺伯樂，所以才沒發展成自己想要的那個樣子，但凡有了機會，就能一鳴驚人。但當機會真的來了，我們卻又不知所措。

與其一直抱怨自己懷才不遇，還不如認真努力，提高自己的技能，克服困難。如果你這樣堅持下來，才可能會有出頭的機會。

## 02

同學小王就是個一直抱怨自己懷才不遇的人。

他是一家房產策劃公司的老文案人員，大學畢業後，他就在這家公司工作。看著身邊的同事一個個升職加薪，小王心裡憤憤不平。

他在微信上和我說：「和我同期進來的同事都升職加薪了，很多人的學歷沒我好，能力也就那樣，不知道主管是怎麼想的，我真是懷才不遇啊！」

剛來公司的時候，小王心比天高，發誓一定要混出些名堂。很多基礎的工作他根本不屑去做，總覺得以自己的能力，應該做更重要的事。

因為小王剛來公司，主管不敢把重要的工作交給他，每次都會給他一些小工作，小王就馬馬虎虎應付了事。時間久了，主管再也不會給他工作了，他自然也就失去了表現的機會。

有人說，懷才就像懷孕，時間久了才能看出來。一個人只要認真努力地做，自然會得到主管的賞識。倘若你有真本事，那麼一定會得到重用。

千萬不要好高騖遠，抱怨自己懷才不遇，這樣只會讓自己更加被動，失去原本應該有的機會，到最後一事無成，虛度了光陰。

## 03

一個一直抱怨自己懷才不遇的人，必然不會有好的前程。因為他從未在自身上找問題，也不相信結果是自己造成的，更不會踏實地做好眼前的事，覺得這些小事對自己來說太低級了，反而在別人的進步中，不斷地用懷才不遇來安慰自己。

事實上，抱有懷才不遇態度的人對自己極度不負責。他們一直在尋找機會，但從未為這個機會做好應有的準備，一旦獲得渴望的工作，就會漏洞百出，徹底露餡兒。

懷才不遇看似很有道理，很多時候卻不過是自我安慰的一種精神勝利法。一直抱有這種態度的人，很難認清現實，朋友小李就是這樣。

他和大學同學進入同一家公司，兩人的專業水準都差不多，但是同學會認真完成老闆交代的工作，而小李則一直在抱怨，覺得老闆安排的工作太小兒科了，所以根本不想做。

後來，同學越做越好，深得老闆賞識，而他卻被炒了魷魚。

抱怨懷才不遇的人可能不會覺得小事有多重要，但你要知道，每一件大事都是由無數件小事組成的。只有腳踏實地地認真做好小事，你的「才」才會慢慢凸顯出來，才會得到重用。

這世上沒有懷才不遇的人，只有懷才不夠的人。

# 真正的自律，
# 是懂得叫醒自己

## 01

　　你和我以及身邊的大多數人經常會有這種狀態，明明知道做一件事對自己特別有好處，但是卻只有三分鐘熱度，剛開始特別用心，但隨著時間的推移，一切都結束了。

　　儘管非常渴望變好，但當真正去做的時候，真的很難堅持，這說到底就是缺乏自律。自律的核心並不是你去做，而是你能否一直去做，這就牽扯到自身的問題。

　　簡單來說，倘若你不懂得叫醒自己，時刻給自己鼓勵，那麼很難有所作為。

　　你可能覺得自律會吃苦，不自律能享受生活，但實際上不是這樣的，自律吃的苦是暫時的，不自律吃的苦則是長久的。

　　當你後悔的時候，一切都晚了。

　　一個人若是對自己沒有足夠的狠心，那麼很抱歉，也不會有好的未來。

## 02

　　身邊有這樣一類人,他們夜行幾千里,但是醒來一看卻在床上,這種人簡單來說就是空想、不自律的人,他們做的最多的事情就是自己騙自己。

　　明知道減肥對身體有好處,但是他們卻不會去做,不僅如此,還會給自己找各種藉口,殊不知這樣做只會搬起石頭砸自己的腳。

　　這一點,朋友波波的體會頗深。

　　波波很胖,從五年前就嚷著減肥,但是很遺憾,到現在他依然很胖。我們都知道減肥就是管住嘴、邁開腿,但是他做不到。

　　我問他為什麼,波波表示減肥太累。他的理由很簡單,一個人帶著這麼多肉運動,肯定會很累,與其這樣累,還不如好好享受。

　　坦白來說,對這個理由我實在不敢恭維,就算有道理也不能這樣想,因為肥胖會有很多影響,首當其衝的就是對身體的影響。

　　當肥胖影響身體健康了,那麼肥胖程度就變得很嚴重了,倘若還不重視,那麼會出大問題。

　　好話我說了一堆,但波波總有自己的堅持,後來我也索性算了,因為你無法叫醒一個裝睡的人,他不是不知道危害,只是不想面對。

也許在未來的日子裡，波波會想明白，會真正懂得肥胖的危害，也許只有經歷過才真正懂得，但那時很可能就晚了。

身體是基礎，如果一個人不重視自己的身體，那麼所有的東西都沒有意義了，自己釀成的苦果也只能自己嚐。

誠然，自律確實很苦，但只有苦過之後，甜才變得有意義；變好從來不是一件容易的事情，需要你全身心地付出。

這個過程會充滿煎熬，但結果一定是美好的，在未來的日子裡你也一定會感謝曾經自律的自己，最終得到自己想要的人生。

## 03

在這個世上，很多東西我們都想要，但想要和得到中間是有一道鴻溝的，這道鴻溝就是做到，如果你做不到，那麼所有的一切都無從談起。

當你對自己足夠狠，那麼就一定會有奇蹟。

有個朋友在大學畢業之後想創業，他知道創業很難，但從來沒有想到會這麼難。他在創業的道路上陷入絕境，不知道何去何從。

所有的人包括父母都勸他放棄，希望他能安穩地上個班，過最普通的生活。

其實對於大家的建議，他也想過，也不知道自己折騰來折騰去到底有什麼意義，但最終還是無法說服自己，於是繼續選擇堅

持。

　　當然堅持的路很苦，他可以忽略任何建議，也可以忽略任何人的情緒，但唯獨騙不了自己，他必須說服自己堅持，否則他就不會全身心地投入，一旦放棄，那麼後果自然很差。

　　那段時間，他把自己關在屋子裡，努力克服一切，後來他不再抱怨，而是努力去做，失敗了重來，再失敗繼續重來，正是因為毅力，他真的成功了。

　　很多人會羨慕你人前的風光，但很少有人會羨慕你人後付出的努力。

　　背後的努力靠的就是自律，那個朋友表示，自己當時想得很簡單，如果沒有成功，那麼就是做得不夠。正是憑藉這一點，他終於得到了自己想要的。

　　有時候，很多人弄不明白為什麼要自律，也不知道自律的重要性。

　　我曾在網路上看過這樣一句話，內心瞬間被擊中了：

　　「之所以自律，是因為總得給自己選擇一種持之以恆的生活方式，總要給自己的生活賦予某種意義，這樣的人生才有價值。」

　　我真的很贊同這句話，所謂自律，就是在回憶往事的時候不因碌碌無為而悔恨，不會後悔虛度了人生。

　　人生這條路很長，希望在未來的日子裡，你能做一個自律的人，遇到事情不拖延、不懈怠，只有這樣，你才能得到自己渴望

的人生。

　　自律很苦,但請相信,苦過之後就會有甜,人生也能足夠精彩。

# 知命者不怨天，
# 知己者不怨人

## 01

　　生活中，由於每個人的脾氣不同，閱歷不同，人生遭遇也不盡相同，每個人或多或少都會有抱怨。

　　殊不知，抱怨是最無用也最無能的方式，它只是一種負能量，一種會慢慢放大的負能量，如果不能及時制止，將會讓你一步一步走向人生的歧途。

　　前幾天，我偶然在《淮南子》上看到一句話：「知命者不怨天，知己者不怨人。」我對這句話深有感觸，這句話的意思是：能認識形勢的人不埋怨天命，能認識自己的人不埋怨別人。

　　人這一生最可悲的就是認識不到自己的短處，看不到時代的變化，當事情的發展偏離自己的人生軌道時，就會怨天尤人，覺得整個世界都對不起自己。

　　只有認不清形勢和自己的人才愛抱怨，這樣的人窮其一生也不會有大出息。

## 02

　　有的人抱怨時運不濟，抱怨上天不公；有的人抱怨爸媽沒讓自己長個好臉蛋，抱怨沒有出生在一個好人家。他們成天牢騷不斷，滿腹愁心腸，活得非常委屈。

　　我們之所以對生活充滿了抱怨和吐槽，是因為我們的生活裡沒什麼大事兒。我們不僅認不清社會的形勢，而且也不敢承認自己的不足。

　　那些真正強大的人都是走過荊棘的人，就算步履維艱，也一定會笑著面對，因為他們清楚如果試著去改變，或許還有轉機，但如果充滿埋怨，那麼就再也沒有機會了。

## 03

　　表姊夫比我大一歲，八年前他是一名修車工人，臉上整天滿是油污，原生家庭的窮讓他明白了靠自己的重要性。

　　這世上每個人都想過啃老，但當父母一無所有時，我們除了絕望就只有絕地反擊了。

　　在命運穹頂的壓迫下，表姊夫選擇了反擊，不知道結果會怎樣，他只知道用力地走下去，哪怕未來的路充滿艱難險阻。

　　如果你沒有窮過，你永遠體會不到那種撕心裂肺的痛，當你鬧脾氣不想吃糖時，他們連舔一下糖紙的機會都沒有。結婚後，

姊夫所有的家電都暫時賒帳，找不到未來的方向也看不到希望。

閉上眼睛，黑暗像一隻猛獸張牙舞爪地跑來，來不及躲避。在命運的壓迫下，姊夫選擇了迎難而上。

結婚兩年後，姊夫看到大理石裝修比較賺錢，便想組建自己的裝修團隊，但是那個時候手裡一分錢也沒有，周圍的親戚也幫不上忙。

一天晚上，姊夫對表姊說：「不行的話，我們就先找銀行抵押貸款吧。」表姊說：「你確定有把握嗎？如果有我們就賭一把。」姊夫沒有說話，而是陷入了沉思中。他知道如果失敗了，自己以後的日子會更加難過，但如果不去做，那麼連機會都沒有。

最後，姊夫選擇了賭一把。那段時間他拚了，每天早出晚歸，累到虛脫，好在那年行情不錯，他們終於翻了身。

我問過他當時為什麼要那麼堅持，他說：「既然命運不公，那就要想辦法改變，雖然上天讓我光了腳，但我也要穿上閃亮的皮鞋。」

尼采說：「不要忍受生命，我們要熱愛它。」當一個人具備良好的品格、優良的習慣、堅強的意志，是絕對不會抱怨命運的，更不可能被它打敗。

## 04

曾國藩說:「人生有可為之事,也有不可為之事。可為之事,當盡力為之,此謂盡性;不可為之事,當盡心從之,此謂知命。」

不論在生活還是職場中,我們經常會遇到一類人,這類人完全以自我為中心,當出現問題時,他們要麼很快把責任推給別人,要麼就對別人充滿抱怨。

一個真正成熟的人,一定會看到自己的短處,會為了自己的短處盡力做出改變,遇到問題時會先從自己身上找原因。

兩年前,報社有一位實習生,她雖然工作非常努力,但最後還是沒有轉正。平心而論,這位實習生能力不錯,但出現問題後,她總喜歡把責任推給別人。

有一次同事帶她出去採訪,回來後讓她撰寫稿件,見報後出了一點問題,同事問她原因,她一臉抱怨說:「早知道就給你寫好了,我也不會成為大家的笑柄了。」她說完後,同事哭笑不得,明明是自己犯了錯,還抱怨別人。

如果一個人不能從自己身上找原因,那麼一定會被周圍的人排斥,因為他們發現這樣的人是自己生命裡的一顆定時炸彈,很可能在某一個瞬間把自己炸得粉身碎骨。

哲學家厄爾‧南丁格爾說:「我們擁有的一切都是自己造成的,可是只有成功者才會這樣承認。」失敗者只會把原因歸結到

別人身上。

## 05

　　羅曼·羅蘭說過，有的人二、三十歲就死了，他們在自己的影子中不斷複製自己。

　　怨天尤人是一把鋒利的刀，不僅會割傷自己，也會順帶傷害別人。與其顧影自憐，喋喋不休地抱怨，不如努力思考，尋求改變，這樣才能發現生活中那些被自己忽略的美。

　　學長王哥辭職創業，但一直沒有成功，跟他合作的人都覺得他充滿負能量。他抱怨自己時運不濟，抱怨別人都不行，唯獨沒有看到自身的不足。他完全活在自己虛構的精神世界裡，創業三年最終一事無成。

　　一個人如果看不到自己的不足，內心整天充滿抱怨，那麼等待他的只有失敗。

　　失敗的原因並不是他能力不行，而是他的抱怨和無知讓他永遠找不到事業的突破口，只能在渾渾噩噩中熬著自己的時間，瓦解掉自己的意志。

　　有時候，與其怨天尤人，還不如好好想一想，我們為什麼會變成現在這個樣子，這一切完全是自己造成的。真正聰明的人，一定能認清自己，不斷調整方向，最終實現自己的價值。

# 執行力，
# 拉開人與人之間的距離

01

　　總說要開始減肥，可是幾個月過去了卻沒有絲毫進展，減肥成了一句口頭禪；發誓要早睡早起、努力讀書，但滑完手機不經意間已經凌晨兩點；下定決心要存錢，來實現自己微小的夢想，但每月照樣花錢；總和別人談及自己的理想，卻從來沒有實現的動力。

　　你以為這樣的人是少數，卻沒想到大多數人都是如此，你和我以及身邊的大多數人都是每天定目標，只停留在說的層面。

　　這歸根到底就是執行力薄弱的緣故，時間久了，距離自然拉開。

　　馬克・吐溫有一句話說得很有意思，他說：「你掙得了安適的睡眠，你就會睡得好；你掙得了很好的胃口，你吃飯就會吃得很香。無論怎樣你得規規矩矩、老老實實地掙一樣東西，然後才能享受它。你絕不能先享受，然後才來掙得。」

這句話很好地詮釋了執行力的重要性，在這個世界上我們想要的東西太多，但真正去做的卻很少，在任何時候，我們都能找出冠冕堂皇的理由，而這個理由無非是為自己的懶惰尋找新的藉口。

那麼什麼是真正的執行力呢？

個人覺得，真正的執行力不是衝動的決定，而是強力的行動和長久的堅持，想得到某件東西就努力去做，在遇到挫折時依然不會退縮，努力堅持下來，終究會取得想要的成功。

沒有執行力的人，注定一事無成，連開始都不敢的人又有什麼資格得到命運的垂青呢？

## 02

《刺激1995》這部電影大家應該很熟悉，其實它就很好地詮釋了執行力的問題。

年輕的銀行家安迪被冤枉殺了他的妻子和妻子的情人，然後被捕入獄。除了自己，沒有人相信他是被冤枉的。那麼問題來了，是在監獄裡默默等死，還是重新獲得自由？安迪面臨一個艱難的選擇。

如果接受命運的安排，那麼就老老實實地待著，把一輩子美好的時光都浪費在暗無天日的牢房裡；如果要重新獲得自由，那麼就要想方設法去爭取。

思前想後，他決定重新找回自由。可是在守衛森嚴的監獄裡想獲得自由難如登天，但他並沒有被嚇倒。

　　最後，他想到了挖地道逃生，這或許是唯一的出路。要挖地道就要有工具，所以他透過監獄的夥伴獲得了工具，然後開始了自己漫長的逃獄計畫。

　　他很快付諸行動了，但這只是執行力的一半，付諸行動其實很簡單，但長久地堅持卻非常難，如果不是心中有一個強大的信念，那麼很有可能半途而廢。

　　安迪知道，這次逃獄的計畫風險太大了，如果被發現，可能會馬上丟掉性命，但是出於內心對自由極度的渴望，所以他選擇了努力堅持。

　　終於，憑藉這份超強的執行力，他重獲自由。

　　很多時候，人和人都是一樣的，都是兩個肩膀扛著一個腦袋，但為何最後卻千差萬別，這就是執行力不同的緣故。有些人想到了，但是不去做；有些人去做了，但是堅持不下來；有些人想到了，也去做了，也堅持下來，成功自然會到來。

## 03

　　其實，很多人都是這樣，總覺得開始晚了，但真的晚了嗎？還不是不想行動，怕自己堅持不下來，這說到底就是執行力的問題。

如果你有極強的執行力，那麼這世上沒有你做不成的事情。

想考研究所，那就努力開始學習，堅持下來，就算第一年失敗了，還有明年，時間還有，就怕你不付諸行動。

想減肥，那就管住嘴、邁開腿，堅持下來，千萬不要說說而已，因為時間久了你就懈怠了，哪怕只是瘦掉一點點，總有瘦下來的時候。

三毛曾說：「等待和猶豫是這個世界上最無情的殺手。」

你可能一直在等待一個合適的時機而遲遲不敢開始，但我反而覺得這就是懦弱的表現，我們還年輕，為什麼不讓自己瘋狂起來？

美國ABB公司前董事長巴內維克曾說：「一個企業的成功，5%在戰略，95%在執行。」第一時間行動起來，解決問題，把握細節，把戰略不折不扣地執行下去，才是企業的生存之道。

企業是這樣，人何嘗不是呢？

一個人能否獲得成功，關鍵也看他的執行力，換句話說，一個人的執行力決定了他的人生高度。

## 04

執行力不同，人與人的距離自然就拉開了，從開始的一點點到最後的相差甚遠，最後會讓你悔不當初。

所以說，提高執行力是你與別人抗衡的唯一籌碼，那麼怎麼

來提高呢？我覺得主要在三個方面：

一是先計畫再行動，多考慮應該做什麼，少考慮能夠做什麼。

很多人可能覺得，執行力就是馬上去做，這其實是錯誤的。在做某件事之前，一定要計畫好，考慮到做這件事的方法，而不是兩眼一抹黑地亂做。

也不要好高騖遠，而是用有限的時間考慮自己應該做什麼事，努力地提升自己。

二是做好時間管理，做自己的主人。

我們沒有必要和別人比，只要能做好自己的事情就足夠了，時間管理很重要，這對執行力有很大的影響。

假如你想透過跑步來減肥，那麼就要設定一個時間，在多長的時間裡跑多少公尺，而不是不加考慮地亂跑，否則只會浪費你的時間，讓行動力大打折扣。

三是想獲得成功，就要把小事做細、做透。

生活中有很多人對小事不屑一顧，殊不知有時候一件小事可能會影響大局，所有的大事都是由無數件小事組成的，當你把小事做透的時候，大事自然也會做好。

無論怎樣，如果打算做一件事，那麼就在付諸行動後努力地堅持，我相信上天一定不會辜負你所付出的努力，人生沒有白走的路，每一步都算數。

## 05

《拒絕平庸》裡有這樣一句話:「很多時候我們為什麼嫉妒別人的成功?正是因為知道做成一件事不容易又不願意去做,然後又對自己的懶惰和無能產生憤怒,只能靠嫉妒和詆毀來平衡。」

在這個世界上,每個人都在不斷成長,很多時候我們會自以為是地認為偉大的創意才是這個世界上最值錢的東西,我們跟身邊的每個人高談闊論,但從來沒有執行的決心,也沒有半點計畫,時間久了,創意就真的成為夢想了。

我在網路上看到一句話,深以為然:「idea是世界上最不值錢的東西,執行永遠是最重要的。」

決定人生高度的,從來不是你的高談闊論,而是你說做就做的執行力,沒有執行力,一切都是零。成功的第一要訣,是努力地去執行。

當你努力去執行了,一定會縮短與別人的差距,也一定會發現這個世界的美好!

# 你要有野心，
# 才會更有魅力

　　知乎上有一句話：「一個人只有狠狠地逼自己一把，才能更加優秀。」對於這句話，我非常同意，逼迫自己實際上就是野心的一種體現。

　　如果你想得到某個結果，那麼一定要努力地去做，只有這樣才不會給自己留下遺憾。

　　有野心的人，基本上都取得了輝煌的成功，而沒有野心、做事猶猶豫豫的人，始終在原地徘徊，沒有任何成就。

## 01

　　朋友孫莉是個有野心的女孩。大學畢業後，孫莉順利地成了一名學校教師，對於這個職業，家人非常滿意，剛開始孫莉還有些熱情，但最後卻被安逸磨平了。

　　她說：「當一個人成年累月地重複一種單調的生活時，內心都不會再有渴望。」為了擺脫這種局面，孫莉提出了辭職。父母知道這個消息後大發雷霆。父親說：「真不明白你是怎麼想的，

放著好好的事業卻不幹，偏偏要辭職創業。」

為了擺脫家裡的干擾，孫莉隻身一人來到了上海。由於自己寫作功底不錯，她便開始做起了新媒體，剛開始她只是把自己的一些感受與大家分享，後來慢慢地聚起來一些粉絲，因為文章內容能夠引起大家的共鳴，粉絲很快破百萬。她現在在圈內小有知名度，賺錢能力也非常強。

現在，她把父母接到上海，父母再也不會說她辭職的事情，而是對她現在的事業給予了全力的支持。

有魅力的人是非常吸引人的，但是這份魅力是他們努力為自己爭取的，一個沒有野心的人是談不上有魅力的。

## 02

大量事實證明，沒有野心的人相對懦弱，他們懼怕失敗，因為懼怕他們選擇了得過且過的人生，到頭來不過是虛度一場。

野心不是一腔熱血說幹就幹，而是對自己的事業進行了長久規劃，經過充分考慮後做出慎重的選擇。有野心的人即使失敗了，那也是暫時的，因為他們不安於現狀，只要有充分的條件，他們會再次攀上事業的高峰。

從小，我們就被灌輸腳踏實地的思想，只要一步步地來，一定會得到這個世界的認可。可是這個過程太過漫長，有時候甚至窮其一生也不會實現。

雖然有時候我們會對一件事傾入自己所有的努力，但結果往往不盡人意，我們所有的努力在別人看來不過是一種重複，根本無法實現自己的價值。

在人生的道路上，每個人都需要野心。當一個人有野心的時候，他會全力以赴，即使前進的道路上困難重重，他也會笑著走下去。

## 03

有野心的人一定會去爭那頂原本就屬於自己的皇冠，他不會給自己任何停滯的機會。

著名作家張愛玲就是一位有野心的人，她說過一句經典的話：「出名要趁早！」她剛開始寫小說時並沒有得到社會的認可，但是張愛玲太想讓世界認可自己的文字了。

在野心的支撐下，她抱著自己的小說，敲開一家家雜誌社的門，她不是不知道自己有可能會失敗，但她知道被動地等待只會更加糟糕，與其在深淵裡看不見未來，還不如主動出擊，至少會給自己一個安慰。

她的執著、自信、不畏人言，她的才華橫溢與野心勃勃，終於讓她名聲大噪，實現了夢寐以求的價值。

張愛玲一生特立獨行，無論是與胡蘭成的婚姻，還是後來嫁給美國老頭賴雅，她極少在乎別人說什麼，只是安靜地做自己。

屬於自己的王冠她會努力地去爭取，因為有野心，她顯得更有魅力，在文學史上留下了許多經典作品。

有野心的人都是明智的人，張愛玲一生沉浸在讀書寫字的世界裡，讓自己在寫作的領域發出了耀眼的光芒。

野心讓她有了更多的見識。她知道了努力的滋味，嚐到了成功的甜頭，並被這個世界銘記。

## 04

作家艾小羊說：「當你的野心足夠大，你對這個世界的意見就會變小。你超越了討厭的上司，向世界亮出自己的旗幟；你用實力征服一切，即使最後沒有達到預期，至少不會為這一生從未做過什麼而後悔。」

有野心的人不會虛度光陰，他們會在有限的時間裡實現自己的價值，讓自己足夠強大。

我從報社辭職後，很多人以為我不會再寫文章了，但沒想到在未來的幾年裡，我做得最多的還是寫文章。因為我是一個有野心的人，我渴望自己的文字變成鉛字，渴望得到社會的認可，所以我一直在努力。

因為有野心，我成功了，短短兩年時間，我上遍了全國80多家雜誌，發表近百萬字，成為各大公眾號簽約作者，順利地出版了人生中的第一本書，而這所有的一切，我曾經連想都不敢

想，沒想到就這麼「輕而易舉」地實現了。

每個人都渴望得到社會的認可，但是被動的等待只會讓自己埋沒，有時候人需要拿出野心，告訴世界自己想要什麼，只有這樣才能實現人生的價值。

有野心的人能把1%的機會轉化成100%的可能性，即使前路泥濘，也不會動搖他們前進的決心，因為他們知道自己想要什麼，為了這個結果，他們會瘋狂地努力。

野心會給我們力量與平靜，會讓我們變得更有魅力，會給我們一雙看世界的慧眼。當我們回憶往事時，一定會感謝曾經心懷野心的自己。

## 第四章

Chapter 4

見識太少的人，
才會慶祝平庸

# 見識越多的人，
# 往往越謙卑

01

朋友在一家銷售公司工作，週末一起聚餐，我聽到了一件這樣的事：他們公司有一名初中學歷的話術培訓師，一直覺得自己很厲害，尤其是培訓高學歷的人才時，那份優越感更加明顯。

朋友告訴我，幾個月前，公司來了一位英國碩士留學生，因為是剛入職，所以需要進行銷售話術培訓。公司主管就讓這位初中學歷的培訓師帶他。

這位培訓師接到這個工作後，覺得自己特別厲害，整天趾高氣揚的，大有一副老天第一他第二的感覺。不僅如此，他還在同事們面前大加顯擺，鼓吹讀書無用論。

一次，他們部門聚餐，他對大家說：「你們說讀書有什麼用，這麼厲害的人（英國碩士留學生）還不是要經過我培訓，真慶幸自己沒讀什麼書，早早地出來工作了。」

那段時間他覺得自己比誰都厲害，覺得自己當初早參加工作

的決定是最正確的。

幾個月後,這位英國碩士留學生辭職了,憑藉證書和實習經歷進入了一家外國企業,工資2萬起,而那個趾高氣揚的培訓師還是每月拿著4000多的固定工資。

朋友說:「真看不慣這種人,把暫時的優越感當成資本,殊不知這根本不是資本,就是見識的太少,一個見識多的人斷然不會說出這種話來。」

對於朋友的說辭,我十分贊同。

生活中確實有這樣的人,永遠看不到自己和別人的差距,在自己的小圈子裡耀武揚威覺得很厲害,殊不知這就是坐井觀天,就是見識太少。

## 02

大學同學李凡畢業後順利進入一家國營企業,短短五年就做到了部門經理。他的工作相對輕閒,年薪30多萬,當人人都羨慕他的事業時,李凡卻辭職了。

他說:「我不想再繼續下去了,感覺一點意思也沒有,所以辭職了。」

辭職原因很簡單,不想過得過且過的人生,想努力提升自己,更大限度地實現自己的價值。

他說:「如果一直按部就班地過著讓自己不滿意的生活,真

沒有半點意思,每天都是在重複,我找不到自己的價值。」

因為覺得自己見識太少,需要學習的東西太多,李凡辭職後選擇出國讀書,不斷拓寬自己的眼界,增長自己的見識。

兩年後,他開始回國創業,由於創業專案屬於藍海領域,公司的門檻都被投資人踩爛了。

我越來越發現,越是沉穩的人越低調。他們從來不炫耀自己,覺得自己就是井底之蛙,只要有機會就拚命地去學習,想辦法讓自己增值,增長自己的見識。

反觀那些見識少的人,他們覺得自己的世界就是全部。見識越少的人,在同一個機會面前失去的越多,這是顯而易見的道理。一個人擁有的見識決定了自己是否有更大的機會,所以不要怪上天給你的機會太少,而要怪自己的見識太少。

一個見識多的人能看到很多隱藏的機會,見識多的人會在人群中散發不一樣的氣質,溫和卻有力量,謙卑卻有內涵。

## 03

一個人只要見識多了,計較的就會少,就會越低調,會意識到自身的問題,想辦法做出改變。如果一個人覺得自己很厲害、無人能及,那是因為見識少。

前段時間我在網路上看到一個視頻:

有個窮小子買新車回村,故意堵在路中間炫耀,沒想到結果

被啪啪打臉。

因為他進村後發現一起長大的人,有的在擦自己的寶馬,有的在擦奧迪,還有賓士停在一邊,每輛車都比他的等級高。

而他們平時騎三輪車和電瓶車,特別低調,只有這個小夥子拚命刷優越感,覺得自己是全村最厲害的。

這一比較,小夥子終於明白什麼是天外有天了,也終於明白自己的見識有多淺薄了。

其實真正的高手絕對不會在別人面前炫耀。他們見多識廣,知道還有很多人比自己厲害得多,這說到底就是心智足夠成熟。只有那些一桶水不響,半桶水晃蕩的人才會拚命彰顯自己。

越不成熟的人,見識越少,認知水準越低,唯恐別人不知道自己,特別喜歡在別人面前炫耀。

一個人只要不沉迷於現在,想盡一切辦法去改變,不生活在見識少的維度裡,那麼一定會實現自己的價值。換句話說,見識多了,就能意識到自己的問題,就能讓自己更加優秀。

## 04

很多人明知道和見識短淺者聊天是一種折磨,自己卻正在做一個沒見識的人。他們從來不考慮自身的問題,也不努力提高自己的見識。

不僅如此,他們還會經常發牢騷,抱怨不公平,覺得自己懷

才不遇。總之，所有的問題都是別人的，自己沒有半點問題。

王小波說：「人一切的痛苦，本質上都是對自己的無能的憤怒。」

有多少年輕人不注重見識，一直希望出名賺快錢，甚至覺得讀書沒用，寧願費盡心思做個網紅，也不願意讀書增加見識。

暫時來看，這可能很不錯，但從長遠來看，絕對有害無益。真正有見識的人，絕對不會停止奔跑，他們會沉下心來，讓自己變得更加優秀。

當一個人站在更高的地方，才會看到更遠地方的風景，擁有更寬闊的見識。

我們都曾不堪一擊，也終究會變得刀槍不入。如果你能讓自己做出改變，豐盈自己的見識，那麼你就是生活的主人。

這個見識會不斷地擴大你生命的半徑，能讓你接觸到更優秀的人，能讓你意識到自己的不足，衝出碌碌無為的平庸生活。

當你有了足夠多的見識，才配擁有高品質的生活，才會慢慢找到屬於自己的人生。

# 不是平臺太弱，
# 而是你沒本事

## 01

我看過一個小故事，內心挺有感觸的。

山上的寺院裡有一頭驢，每天都在磨房裡辛苦拉磨，天長日久，驢子漸漸厭倦了這種平淡的生活。牠每天都在尋思，要是能出去見見外面的世界，不用拉磨，那該有多好啊！

不久，機會來了，有個僧人帶著驢子下山去馱東西，牠興奮不已。

來到山下，僧人把東西放在驢背上，然後牽著牠返回寺院。沒想到，路上行人看到驢子時，都虔誠地跪在兩旁，對牠頂禮膜拜。一開始，驢子大惑不解，不知道人們為何要對自己叩頭跪拜，慌忙躲閃。但一路上都是如此，驢子不禁飄飄然起來，原來人們如此崇拜自己。

當牠再看見有人路過時，就會趾高氣揚地站在馬路中間，走起路來虎虎生風，腰桿瞬間直了起來！回到寺院裡，驢子認為自

己身分高貴，死活也不肯拉磨了，只願意接受人們的跪拜。

僧人無奈，只好放牠下山。

驢子剛下山，就遠遠看見一夥人敲鑼打鼓迎面而來，心想一定是人們前來歡迎我，於是大搖大擺地站在馬路中間。那是一隊迎親的隊伍，卻被一頭驢攔住了去路，人們憤怒不已，棍棒交加地抽打牠⋯⋯

驢子倉皇逃回寺裡，奄奄一息，牠憤憤不平地告訴僧人：「原來人心險惡啊，第一次下山時，人們對我頂禮膜拜，可是今天他們竟對我狠下毒手⋯⋯」

僧人嘆息一聲：「果真是一頭蠢驢！那天，人們跪拜的是你背上馱的佛像，不是你啊！」

離開平臺後剩下的，才是一個人真正的能力。我們在年輕的時候，可以靠平臺，但千萬別錯把平臺的資源當作自己的能力。

## 02

生活中，大多數弱者都會犯一個錯誤，就是把平臺的光環當成自己的本事。

出去談合作時，他們會先把自己的平臺擺出來。也因為平臺好，他們在工作上結識的人脈更加優質，時間長了，便會不自覺地滋生出幾分多餘的自信，錯把平臺帶來的紅利當成了自己的能力。

朋友大劉是我們市土地規劃管理局的一名科員，雖然能力平平，但來找他辦事的人非常多，大劉的工作業績也很棒。當別人跟他抱怨工作難做時，大劉根本不信，他反而覺得是對方能力不行。

平常有很多人恭維他，甚至有地產商客戶跟他說：「以您的能力，要是投身商海，我們這些人很快就沒飯吃了。」

沒想到，後來大劉竟然真的辭職投身商海了，當他準備在商海大展拳腳時才發現一切都變了，原先一直恭維自己的人都不見了，他才知道這些年帶給自己光環的是平臺，並不是自己的能力。

很多人常常看不清自己，誤把平臺的資源當作自己的能耐，誤把平臺的成功歸功於自己的本事。直到離開後，才明白原來之前盲目高估了自己的實力，厲害的不是自己，而是原來的平臺。

一個人仗著大平臺拿來的資源，根本沒什麼好炫耀的。畢竟，離開了這個平臺，根本一無是處。

## 03

知乎上有一個問題：「在職場中，弱者和強者有什麼區別？」

一個深受贊同的回答是這樣的：「弱者會透過平臺刷存在感，強者則是透過本事獲得別人的認可。」

《喬家大院》中的孫茂才，由窮書生落魄到乞丐，之後投奔

喬家，為喬家的生意立下了汗馬功勞，在喬家有一定的地位。

後來，他因為私欲被趕出喬家。孫茂才覺得自己離開喬家一樣能混得很好，所以他想投奔對手錢家，錢家對孫茂才說了一句話：「不是你成就了喬家的生意，而是喬家的生意成就了你。」最終孫茂才再次落魄。

很顯然，孫茂才是一個本事不大的人，但他卻錯以為平臺上的自己是真正的自己，做事情總想和東家講條件，當東家拒絕時，他則以辭職相要脅，最後偷雞不成蝕把米。離開平臺的孫茂才一無是處，根本沒有人瞧得起他。

生活中有很多人會忽略平臺的助力，這其實是很愚蠢的表現，只有弱者才喜歡炫耀自己的平臺，高談闊論自己有鐵飯碗。

真正的強者從來不拿平臺說事，他們會用自己的本事創造平臺。他們每去一個平臺，都能讓這個平臺變得更好，他們不會把平臺當成自己的能力，他們明白：離開平臺，剩下的才是真正的自己。

## 04

透過好的平臺，工作混得遊刃有餘，那不叫真本事；當離開平臺後，剩下的才是你的真本事。

主持人竇文濤曾在節目中說過這樣一段話：

「我的朋友99%都比我有錢。天天和這些有錢人在一起，

以至於我以為他們買的東西，好像也是我生活世界的一部分。總和有錢人在一起，聽著他們幾十億、上百億地聊天，好像自己也有錢了似的。」

說實話，我看了這段話，挺有感觸的，在大企業裡一直談著幾百萬、上千萬的專案，離開後才發現自己什麼也不是。

那些光環不過都是平臺給予你的，一旦離開，這些光環就會消失。

換句話說，你以往的光環，不過是平臺聚光燈下的沉澱物，當你離開的時候，就會發現之前公司多半人際關係都結束了。

有些人抱怨人走茶涼，抱怨別人對自己前後態度的變化，以為自己辛苦的付出會讓別人刮目相看，實際上真正讓別人刮目相看的不是你這個人，而是平臺。

如果離開後，你做得更好了，那麼大家對你的態度會180度大轉彎；如果做不好，那麼換來的不過是一句無關痛癢的問候。

那些失敗的人，一定是完全依靠平臺、在平臺上碌碌無為的人，他們把別人對平臺的尊敬當成對自己的恭維，這樣的人一定會被淘汰。

一個真正聰明的人，一定會認識到哪些是平臺帶來的福利，哪些才是自己真正的實力。在一個好的平臺上，他們會努力地鍛造自己，讓自己變成金子，只有這樣才會讓自己更加閃亮。

# 見識太少的人，
# 才會慶祝平庸

01

　　有個朋友在畢業後就去了北京，在一家世界五百強的外國企業工作，然後在這裡娶妻生子。他在部門主管的位置上奮鬥了10年，現在卻突然想辭職。

　　辭職的理由現實又簡單：賺錢太少了，經常入不敷出。他在外國企業稅前薪資才一萬五千塊，稅後交完房租以及各種開銷，就所剩無幾了，要是當月家人或自己生病，那直接就捉襟見肘了。

　　最主要的是，這個外國企業的發展一眼能望到頭，就算再努力，結果也是老樣子，待遇不可能會有大幅度提高。在這樣的環境裡，人真的會陷入絕望，工作早就沒了熱情，剩下的不過是重複。

　　朋友從來沒想過辭職，他一直覺得自己找到了鐵飯碗，但是現在看來，自己找的不過是個瓷飯碗，一不小心就摔碎了。

那幾年北京房價低，但是朋友沒有購房的計畫，他覺得當時的生活狀態特別好。如今北京的房價讓人望塵莫及，買房已經成了一個不實際的事實。

　　妻子也經常抱怨他無能，兩人三天兩頭就吵架，日子過得烏煙瘴氣，根本不敢奢望未來。

　　人到中年了，沒有那麼多時間去折騰，但是不折騰，生活都困難，所以無論怎樣做都特別難。但縱使千難萬難也要扛下來，因為在這個年紀根本沒有說累的資格。

　　張愛玲曾說：「人到中年，時常會覺得孤獨，因為他一睜開眼睛，周圍都是要依靠他的人，卻沒有他可以依靠的人。」對此，我深以為然。

　　其實，很多人就是這樣，見識太少，總覺得自己生活得足夠好了，完全看不到外界的變化，當生活遭到威脅時，才知道自己有多脆弱。

　　人最大的悲哀，就是錯把見識少當成吹牛的資本，然後在自己的世界裡大肆慶祝。

## 02

　　古希臘有一個故事。

　　哲學家芝諾的學生曾經問他：「老師，你學識淵博，知道的事情那麼多，為什麼還經常懷疑自己的答案呢？」

芝諾回答：「人的知識就像一個圓，圓圈外是未知的，圓圈內是已知的，你知道的越多，你的圓圈就會越大，圓的周長也就越大，於是，你與未知接觸的空間也就越多。因此，雖然我知道的比你們多，但不知道的東西也比你們多。」

按理說像芝諾這樣的大哲學家應該是見識很多的了，但是他卻覺得自己見識很少，一直在增加自己的見識。

生活中，很多人明明知道自己見識太少，卻還不斷自我安慰，覺得自己生活得很好。

《見識》這本書有句話特別能引起共鳴：

「很多人之所以成不了大氣候，不是因為能力不行，機會不夠，而是因為見識太窄，導致目光短淺，對自己一點平庸的成績自得自滿，過早選擇了安逸的生活，停止了奔跑。」

見識決定了一個人的格局和能力，決定了一個人是否目光長遠，是否平庸。

## 03

我們最常給自己找的藉口就是：身邊的人，還不都是這樣。

我們見識少，身邊永遠是那些和我們過著同樣日子的人，我們以為這就是生活應該有的樣子，從來沒想過改變。因為見識少，我們開始了循環往復的生活，我們得過且過，不期盼未來，為自己找各種藉口。

反而那些見識多的人，一直覺得自己學識不夠，欠缺太多，想盡一切辦法改變自己。最終他們成了高手，因為機會永遠眷顧著那些擁有的多、見識的多、能夠撬動更大機會的人。

很多人也能意識到自己的見識不夠，但不知道怎麼提高。

其實，想提高見識很簡單，那就是讀萬卷書，行萬里路，不論怎樣，身體和靈魂總要有一個在路上。

我在網路上看到一句話，深以為然：

「世間所有的煩惱，也不外有三：或者沒學問，或者沒修養，或者沒錢。而眾多的人生經驗告訴我們，沒學問、沒修養、沒錢這三點，完全可以透過見識加以彌補和化解。」

事實上真是這樣，見識的多少，對一個人來說太重要了，如果一個人見識多了，那麼所有的煩惱都會迎刃而解。如果一個人的煩惱和困擾特別多，那麼就是因為見識少。

俗話說，人生不如意事十之八九。很多時候，我們並不是平庸，而是忽略了見識，一個真正的聰明人絕對不會糾結於眼前的煩擾，而是努力提高自己，增加自己的見識。

說實話，如果不做比較，你可能意識不到自己見識低，覺得自己已經很不錯了，可是跟真正的不錯比起來，差得太遠了。

願你做一個有見識的人，而不是平庸的人！

# 一時偷的懶，
# 要用一輩子還

## 01

電影《女人香》有一句經典臺詞：

「如今我走到人生的十字路口，我知道哪條路是對的，毫無例外，我都知道。但我從不走，為什麼？因為實在太苦了。」

事實上真是這樣，我們知道未來要走什麼路，但是因為苦而一直選擇逃避，以為只要逃避過去就不用吃苦了。

殊不知，你的逃避是為未來挖的坑，一直偷懶的人，走不遠。

## 02

在人生這條路上，每個人都在負重前行，如果你想暫時比別人輕鬆，那麼結果只會更糟糕。

我看過一個小故事，挺有感觸的：

在人生的路上，每個人都背著一個十字架前行，走著走著，有個人覺得十字架太重了，然後就砍掉了一塊。

　　由於自己的十字架比別人的輕了，所以他走得很快，心裡還時不時地嘲笑其餘的人，覺得他們實在是太笨了，很快他就走到了隊伍的前列。

　　走著走著，他又覺得自己的十字架重了，然後又砍掉一塊。因為砍了兩次，所以他健步如飛。他吹著口哨，嘲笑著後面的人，為自己的聰明暗暗高興。

　　很快，他便把別人甩在後面。走了一會兒，前面突然出現了一道溝壑，他無法過去。當他垂頭喪氣的時候，後面的人趕了上來，看到溝壑便直接用十字架做橋走了過去。

　　他也想如法炮製，但是因為自己的十字架砍了兩次，根本不夠長，面對這種情況，他懊惱不已，原來所有命運的饋贈，早已暗中標好了價格。

　　在人生這條路上，每個人都背負著各種各樣的十字架在艱難前行。它也許是我們的學習，也許是我們的工作，也許是我們的感情。如果你認真對待，不偷懶，那麼自然會撥開雲霧見天晴。如果偷懶，想砍掉一些，那麼自然會受到生活的懲罰。

　　說到底，每個人都知道自己想要什麼，都知道只要努力，堅持住，就自然會實現自己的價值，但很多時候我們做不到。

　　俗話說，吃得苦中苦，方為人上人。如果一個人不願意吃暫時的苦，怎麼能擁抱以後的甘甜呢？

## 03

　　一個人只有腳踏實地,一步一個腳印,才能走到最後。可能暫時會很苦,那又有什麼關係呢?挺過去了就會發現,這不是苦,而是命運的獎賞。

　　我看《超級演說家》的時候,被劉媛媛感動了,在第二季她拿了一個冠軍。相較其餘的選手,劉媛媛並不出眾,能得到這個結果,她付出了別人難以想像的努力。

　　面對大家的讚美,劉媛媛說:

　　「命運給我們一個比別人低的起點,不是讓我們偷懶屈服,而是要我們用一生去奮鬥出一個絕地反擊的故事,這才是人生的真正意義。」

　　對於劉媛媛說的話,我深表贊同。在節目中,導師們被她的演講深深觸動,大家紛紛表示,不管今天的結果如何,她都是最成功的。

　　我越來越發現,腳踏實地、勤勞的人都贏了,投機取巧、偷懶的人都輸了。

　　有個小故事恰好說明了這一點:

　　有個人牽著一頭驢子去賣鹽,中途經過一條河,驢子不小心跌倒在河裡,鹽被河水化了,驢子頓覺輕鬆。

　　有了這次的經驗,驢子非常開心,當主人再次讓牠馱鹽過河時,驢子故技重施,主人又損失了一筆貨物。

當驢子暗暗為自己的小聰明高興，嘲笑主人的時候，牠得到了最大的懲罰。這次，主人讓驢子馱了一塊海綿，當驢子過河再次「不小心」跌倒時，海綿卻吸透了河水，壓得驢子無法起身，最後，驢子被淹死了。

很顯然，驢子就是想偷懶，但沒想到最後賠上了自己的性命。

生活中有這種偷懶思維的人不在少數，他們不願意腳踏實地，總想著投機取巧，殊不知，你年輕時犯下的懶，都會在未來返還給你。

說得再直白一點，你現在所偷的每一次懶，都會在未來讓你陷入深淵。

## 04

我們似乎很願意向生活妥協，明知道只要稍微努力一下，結果就不是這個樣子，可是我們就是不願意努力。

每個人都有夢想，希望有一天能實現自己的價值，但我們得去做呀，總不能一直不考慮付出，一直偷懶、得過且過地混日子吧。

俗話說，昨夜夢裡行萬里，醒來一看在床上。很多時候，我們就是這樣，天天跟別人描繪自己宏偉的夢想，卻不願意邁出一步，我們以為這樣做是最明智的，其實是最愚蠢的。

因為吃不了苦，我們很難堅持；因為想偷懶享受，我們總能為自己找來千萬個不堅持的理由。

如果你一直這樣，那麼自然會得到最狠的懲罰。

一位作家說過一句話：

「一個人真的不能輕易地妥協或將就，一旦你決定妥協，很快就會潰不成軍，你所在乎的東西，會一樣樣失去。你以為是妥協一次、將就一回，其實卻是妥協一世、將就一生。」

對此，我深以為然。

# 自律是一場
# 與自己的博弈

## 01

　　晚清重臣曾國藩是一個高度自律的人，也正是憑藉這份自律，他實現了自身的價值。

　　曾國藩天資並不聰慧，從八歲起父親就將他帶在身邊，與自己的學生一起聽課，但曾國藩太愚鈍了，如果沒有自律，恐怕只是個普通的人。

　　在京做官的十幾年，是曾國藩人生中的一個重要時期，他定讀書為日課，定作文吟詩為月課，每天早起用功，早飯後還要讀「二十三史」，下午讀詩文，一刻也不疏漏懈怠。正是因為十幾年瘋狂的自律，才使他博覽群書，見識廣博，成為一代通儒。

　　在這種自律的約束下，曾國藩閱讀了大量史書，這為他後來參與治理國家、管理軍隊打下了良好的基礎。

　　一個人的成功與否，與自律有很大關係，如果你能堅持不懈，勤奮刻苦，拚命自律，那麼一定能實現自身的價值。

荀子在《勸學》中寫道：「不積跬步無以至千里，不積小流無以成江海。」如果不堅持自律，怎麼可能讓自己大放光彩呢？

就算千難萬難，只要努力，一步步腳踏實地地前進，終究會到達遠方。

## 02

2019年清華大學舉行畢業典禮時，一位叫張薇的姑娘作為學生代表發言。

能在清華畢業典禮上作為代表演講，那絕對是高手，不少人紛紛感嘆她運氣好。但你若是攤開她的人生一看，會發現這份成績得來不易，背後都是苦行僧般的自律。

張薇是從甘肅國家級貧困縣走出來的大學生，去省城參加物理競賽時，她第一次意識到不同地域的教育差異如此巨大。

雖然經過高中三年的拚搏，她來到了清華校園，但接下來的生活並沒有那麼順利……

她完成作業要比別人多花三、四倍的時間，競選班長不成功，報名實踐支隊長也失敗了，仰臥起坐100分只拿到了20分，但她咬牙堅持，相信生活一定會給自己帶來驚喜。

憑藉超乎想像的努力，命運開始垂青她，後來她參加辯論賽，與隊員一起獲得冠軍，不僅如此，她還拿到了學業優秀獎學金，仰臥起坐也及格了。

四年的汗水,四年的堅持,她想要的最後都如約而至。如果沒有強大的自律,張薇絕對不會實現想要的一切。

自律,說到底是一場與自己的博弈。稻盛和夫曾說:「僅僅付出與普通人一樣的努力,是很難獲得自由的。」對此,我深以為然。

一個人只有付出不亞於任何人的努力,才有可能在激烈的競爭中取得傲人的成績。

## 03

古希臘有一位叫狄摩西尼的著名演說家,他小時候患有嚴重的口吃,發音極為不標準。

當聽說他想當演說家時,朋友們都以為他瘋了,但他並沒有因為別人的嘲笑而選擇放棄,而是繼續堅持。

有一次,他聽說嘴裡含著沙子朗讀對演講有很大幫助,便開始練習。朋友以為他只不過是心血來潮,因為沒有人受得了這種苦,但沒想到狄摩西尼堅持了五十年,憑藉這份超強的自律,他終於實現了自己的夢想。

對於一件事,如果你能堅持一會兒,那也許只是感興趣;如果你能一直堅持下來,那麼就離不開強大的自律了。

如果沒有強大的自律,狄摩西尼是絕對做不到五十年如一日的,因為他有一萬個讓自己放棄的理由,先天口吃,本身就不是

演說家的料，做演說家就是癡人說夢。但幸運的是，狄摩西尼做到了自律，才創造了常人難以想像的輝煌。

自律不是做給別人看的。有句話說得好，不要假裝很努力，結果不會陪你演戲。

生活中，有很多人在大眾面前會表現得非常自律，但一個人獨處時就原形畢露，覺得根本沒有必要約束自己，這絕對不是真正的自律。

真正的自律，是在別人看不見的地方依然能做那個最好的自己，不論環境如何變化，絕對不會更改自己的初心，遇到問題會想盡一切辦法解決，而不是半途而廢。

## 04

設計師山本耀司說過：「我相信一萬小時定律，但從不相信天上掉餡餅的靈感和坐等的成就。要做一個自由又自律的人，認真地活著。」

很多時候，我們很難堅持自律，總是抵擋不住誘惑，覺得自律太苦，只想舒舒服服地享受，但這種短暫的歡愉只會讓我們更痛苦，因為它會讓我們慢慢廢掉。

每個人都相信自律的力量，我們也知道自律會改變自己，但往往堅持不下來。

在通往成功的這條道路上真的不擁擠，無論你是大步流星，

還是日進一寸,只要你堅持下去,必定會成功。這世上沒有白走的路,每一步都算數。

哲學家康德說:「所謂自由,不是隨心所欲,而是自我主宰。」

真正成功的人,必定是高度自律的人,只要你足夠自律,那麼一定能活成自己喜歡的樣子,過上自己想要的生活。

一個人越自律,越自由;越自律,越強大。當你認真地堅持自律,你就贏了。

# 與優秀的人同行，
# 才能走得更遠

01

來到這個世上，每個人都想取得成就，都想讓自己變得優秀，為了達到這個目的也一直在尋求方法，那麼怎麼做才能讓自己快速成長呢？

答案很簡單，就是與優秀的人同行。有句話說得好：與鳳凰同飛，必是俊鳥；與虎狼同行，必是猛獸。說的就是這個道理。

電視劇《亮劍》中，李雲龍說的「狼走千里吃肉，狗走千里吃屎」也是這個道理。

優秀的人基本都是充滿正能量的，他們積極向上，為了心中的夢想會全力以赴，而不優秀的人則總能找客觀原因，把所有的問題都歸結於外部。

如果你身邊是優秀的人，那麼請一定要與之同行；如果不是，那麼就要果斷離開，否則真的會害了自己一輩子。

## 02

雖然說做選擇是自己的事情，別人不會左右，也無法左右，但實際上並不全對，雖然不會左右，但會對你有影響，甚至會對你的人生造成很嚴重的後果。

俗話說，物以類聚，人以群分。和什麼樣的人相處就會得到什麼樣的結果，如果和優秀的人相處，那麼自然會得到優秀的結果；若是和不優秀的人相處，那麼只會拉低自己的水準。

這一點，朋友諾諾深有體會。

諾諾高考失利，她本來想再去復讀，但因為暑假打工，一切都改變了。

打工的時候，她還想繼續努力，也堅信只有這樣努力下去才能改變自己的命運，但是很遺憾，後來她改變了。

當時諾諾在手機賣場工作，除了她之外還有兩個小姑娘，這兩個小姑娘覺得讀書沒用，一直給諾諾宣揚讀書無用論，她們把生活中的個案當全部，一遍又一遍地給諾諾洗腦。

本來諾諾是很堅定的，她也相信只有讀書才能改變自己的命運，但最後卻相信了她們，覺得讀書沒用，還不如早點工作、早點賺錢。

假期結束後，當父母讓她復讀的時候，諾諾直接拒絕了。她覺得與其忍受煎熬換來一個未知的結果，還不如早點去社會上打拼。

現在的諾諾特別後悔，如果當時不是受到別人的影響，如果自己當時能堅定一點，那麼斷然不是現在這個樣子，說不定她的生活已經非常美好了。

但是人生沒有如果，只有殘酷的結果。

## 03

簡單來說，一個人若是與庸俗者同行，那麼自然不會有壓力，他不再積極向上，甚至還會嘲笑努力的人，覺得這樣的人很傻，殊不知他們並不傻，是自己太傻。

而與優秀者同行，就好像上了一個賽道，逼迫自己追上別人，特別積極，完全沒有時間去想別的，只是悶頭努力，等回過頭來，你會發現自己早已甩開同齡人很遠了。

人生很短，不要把有限的生命浪費在無意義的事情上，不要和庸俗者同行，這會害了你，要與優秀的人同行，只有這樣你未來的路才能走得更遠。

# 最貴的貴人，
# 其實是你自己

01

幾年前，公司派我去上海跟一部戲。這段期間，我認識了一位叫蘇蘇的女孩。

蘇蘇長得非常漂亮，剛開始我以為她是這部戲的女主角。後來在朋友的介紹下，我才知道她是這部戲的製片人。

我對朋友說：「蘇蘇這麼漂亮，不去做演員真是可惜了。」

朋友笑著說：「其實，她一開始是想做演員的，但在演藝這條路上始終沒有找到自己的位置，才轉到幕後。」

蘇蘇畢業於上海的一所藝術院校，畢業之後選擇留在上海。雖然父母一直勸她回家，但她都拒絕了。她知道，只有在上海才有可能實現自己的夢想。

然而，社會的殘酷讓蘇蘇措手不及。為了生計，她只好兼職做表演老師，在剩餘的時間努力地包裝及推銷自己。

有人找她拍了幾部網路電影，效果卻不理想。慢慢地，蘇蘇

發現根本沒有人找她演戲,她回家的想法越來越強烈。

正當她準備回去時,突然有公司找她拍電影。雖然角色沒那麼重要,但蘇蘇覺得這是她最後的機會。

她很快進了劇組,跟著試戲,熬夜看劇本,甚至經常對著鏡子練習到半夜。正當她沉浸在自己的演員夢裡時,導演卻跟她說,角色換人了,因為感覺她和角色不契合。

## 02

知道結果後,蘇蘇哭了一夜。那一刻,蘇蘇突然找不到自己的價值了。她不明白,為什麼很多人都能找到自己的貴人?為什麼命運一直在折磨自己?

買好回家的火車票後,蘇蘇陷入了沉思。在火車啟動的剎那,蘇蘇把票撕得粉碎。她想再努力一搏,雖然自己身處逆境,但也要絕地反擊。

在自己的戲路受阻後,蘇蘇開始轉戰幕後,她希望自己能成為一名優秀的製片人。

蘇蘇對著鏡子說:「既然遇不到自己的貴人,那麼就讓自己成為貴人吧。」

蘇蘇是這麼說的,也是這麼做的。

其實,每個行業都有每個行業的不容易。做製片人,需要在複雜的環境裡應酬,見不同的人,聊不同的天,在自己夢想的道

路上執著前行。

蘇蘇的努力終於得到了回報,她不僅拉到贊助,還找到了優秀的劇本和可靠的製作團隊。

那段時間,蘇蘇天天熬夜,卻活得非常充實。電影殺青時,蘇蘇痛快地哭了一場。後來她對朋友說:「在夢想面前沒有資格退縮。如果在這條路上找不到自己的貴人,那麼就想辦法創造奇蹟。」

一個人只有不放棄、不認輸,命運才會垂青於他,才會給他最後翻盤的機會。因為,自己才是最重要的貴人。

## 03

去年,我送孩子去市裡的重點初中,碰見了高中同學張凱。我本以為他也是來送孩子上學的,但沒想到他竟是這所名校的歷史老師。

說實話,知道這個消息後,我還是有些不相信,因為張凱在高二就由於家庭變故退學了!

面對我的難以置信,張凱講了他退學之後的故事。

張凱說,他退學後選擇了參加高等教育自學考試,心想就算自己的人生真的不會有太大改變,還是要放手一搏。

過程非常艱難,但張凱選擇了咬牙堅持。為了能上大學,他付出了常人難以想像的努力,經常看書看到疲憊得趴在書本上就

睡著。終於，這份玩命的努力換來了他想要的結果。

面對我的讚美，張凱輕描淡寫地說：「這真的沒什麼，只不過算是對得起自己的付出。既然生命裡沒有貴人出現，那我就做好自己。」

做自己的貴人，不要在歲月的磨難中忘掉初心，不要讓世俗迷失了自己的眼睛，每走一步都清楚地知道自己想要什麼，這才是我們自己的人生高度。

## 04

微信朋友圈裡有一位勵志寶媽，她的故事讓人唏噓不已。

如果沒有老公的背叛，或許她會一直幸福下去，或許會在家裡安安靜靜地相夫教子。可是因為老公的出軌，這一切都變了。

當沒有人為你負重前行，你又有什麼資格享受歲月靜好呢？

是的，眼裡容不得沙子的她選擇了離婚，重新開始新的生活。由於一直待在家裡，她早已與社會脫節；因為生孩子，身材也變得非常臃腫；因為照顧家庭，她曾經引以為傲的寫作也停頓了。

事情發生後，她知道自己沒有退路了，如果自己都不去努力，那麼這個世界上沒有人會可憐你，整個世界只會看你的笑話。

於是，她開始瘋狂地學習，參加社會實踐，用最快的速度適

應這個社會的節奏。我問她：「苦嗎？」她在微信上說：「當然苦啊，但當你沒有退路了，努力是唯一拯救自己的方式。」

為了形象更好一些，她就努力減肥。很多時候，我們對某件事並不是做不到，而是以為一切還有機會，還抱有僥倖心理，但如果你沒有退路了，那麼就會努力去做了。

她每天早起跑步，迎著日出，大口地呼吸新鮮的空氣，從未間斷。有時候她會在健身房裡揮汗如雨，她知道一個完美的身材對自己有多麼重要，如此努力為的就是不被生活拋棄。

一切準備就緒後，她開始找工作，很幸運她找到了一份不錯的工作，她開始瘋狂地努力工作，短短的時間內就升職加薪了。後來，她重新拾起寫作，人生再次有絕佳表現。

面對大家的讚揚，她說：「曾經，我做夢都想找到自己的貴人，希望有個人能拉自己一把，但到最後才發現，只有靠自己才是最可靠的。」

坦白來說，她的話，我特別贊同。這個世界真的很殘酷，與其找貴人來改變自己的命運，還不如腳踏實地地努力。因為除了努力，我們真的一無所有。

任何時候都要記住，一個人的人生舞臺不是在別人眼中，而是在自己心中。一個人在自己舞臺上的表演，並不是為了別人的掌聲，而是為了與自己心靈的廣度、寬度和深度相適應。

我們絕大多數人都是普通人，沒什麼背景，也沒遇到什麼貴人，可能也沒讀什麼好學校，但這些都不礙事。關鍵是，我們決

心走哪條路，我們想成為什麼樣的人，我們準備怎樣對自己的懶惰下黑手。

春蠶蛻皮，會很疼；鳳凰涅槃，會很疼。但只有經歷過這些疼痛，才能獲得新生。

我們不必寄希望於自己的生活中出現貴人，我們可以靠著自己向前走，我們要相信自己的夢想並不斷堅持，只有這樣，人生才會足夠精彩。

# 人最大的競爭差異，
# 在於認知

## 01

很多人以為人與人之間的差距是貧富不均，實際上不是的，財富是物質維度，而認知是思想維度，一個人的思想若是有提高，那麼假以時日一定會擁有財富。

如果你總是墨守成規，不提高自己的認知層次，那麼大概只會停留在一個層面，不會有很大的突破，最後只能在羨慕別人中走完這一生。

關於認知，蔡壘磊在《認知突圍》中曾明確表示認知是一套大腦內置的演算法。

他認為每個人的大腦都有一套演算法，是從出生到現在的環境投射和自主意識共同進化而成的，這套演算法是很難改變的，一旦改變就是突圍了。

如果沒有改變，那麼就會覺得自己的想法是最正確的，直到被現實撞得頭破血流才後悔不已，但很遺憾已經晚了。

## 02

　　我曾在網路上看到一張圖,這張圖把人的認知分為四個層次:

　　第一層,不知道自己不知道,覺得自己是最博學的,無所不知;第二層,知道自己不知道,能認識到自己的不足,會想辦法做出改變;第三層,知道自己知道,透過學習知道了事情的規律,努力提升自己;第四層,不知道自己知道,這就是真正的智者。

　　透過這張圖,可以看到大多數人都處在第一層,而且很難改變,他們有自己固有的想法,聽不進去別人的意見,以為自己是最明智的,其實這都是錯覺。

　　這一點,朋友孫軍深有體會。

　　大學畢業後,孫軍和朋友一起考教師資格,朋友在第二年的時候考上了,而孫軍卻一直名落孫山。在大學裡,這位朋友一直比孫軍差,但為什麼畢業後會出現這樣的結果呢?

　　其實從他們的行為裡就可以找到答案,說到底就是認知的不同,因為認知的本質就是決定。

　　剛考教師資格的時候,他們是同一個起跑線,兩人都付出了很大的努力,但很遺憾,兩人都失敗了。第二年的時候,朋友改變了策略,他選擇報班系統學習,順利地考上了,而孫軍還是老樣子,他一直以為輔導班沒有半點用處,報班就是交智商稅。

因為這個認知根深蒂固，所以他堅決不報班，而是想透過自己的努力實現這個目標，但是很遺憾，結果很殘酷，等待他的是失敗。

當然，我不是說不報班就考不上，而是說一種認知，簡單點說報班就是花錢借力，透過別人的輔助達到自己的目的，這樣走起來一般都會事半功倍。

拿考試來說，一個人的精力特別有限，如果把精力耗費在沒用的地方，那麼很難通過考試，這就需要別人的輔助，讓你的精力花在刀刃上，這樣怎麼可能會沒有出息呢？

一般來說，認知不足的人，是無法走出自己內心的，他們看到的也只是蠅頭小利，當機會來臨時也抓不住，總會把困難先擺在前面，最終一事無成。

羅翔老師曾說：

「一個知識越貧乏的人，越是擁有一種莫名奇妙的勇氣和自豪感。因為知識越貧乏，你所相信的東西就越絕對，你根本沒有聽過與此相對立的觀點。」

對此，我深以為然！簡單來說，一個人的認知層次就是自己的人生狀態，要想改變現在的人生，最重要的就是改變認知，唯有如此，人生才有更多可能性。

## 03

　　這個世上,改變自己很難,當發現無法改變自己時,很多人便想去改變別人,殊不知這是最不明智的。

　　既然認知不同,那麼看世界的標準自然也不同,做出的決定又怎麼可能會一樣呢?

　　關於這一點,我曾在網上看過一個名為「陪麻麻逛街」的故事,感觸很深:

　　有位媽媽帶著未成年的女兒逛街,回來後,女兒畫了一幅畫,當媽媽拿了女兒的畫來看,當時就傻眼了,因為女兒畫的好像不是這個世界,在女兒的畫上沒有高樓大廈,也沒有車水馬龍,更沒有漂亮的衣服和包包。

　　在女兒的畫裡,這位媽媽只看到一根又一根的柱子,而且這些柱子粗細不一,這讓她非常納悶。她看了半天終於看懂女兒畫的是什麼了,原來這不是柱子,而是一條條人腿。

　　為什麼女兒會畫人腿呢?原來,女兒的個頭兒比較矮,被媽媽帶著,根本看不到別的東西,只能看到密密麻麻的人腿,所以自然也就畫出了人腿。

　　每個人都有自己的處事方式,可能覺得自己就是對的,當你覺得自己特別正確時,最好不要用這個標準來要求別人。

　　因為在別人眼裡,你可能是錯的,認知不一樣,對事情的看法自然也不一樣。

當我們做某件事特別努力，但結果依然很糟糕時，就應該考慮認知的問題了，要想辦法換一個途徑來解決，這樣才能取得更好的效果。

若是遇到認知不一樣的人，不要試圖說服對方，你可以不同意對方的觀點，但要保持尊重，因為彼此之間沒有對錯，只是認知不同而已。

## 04

青蛙固守在井裡，所以看到的只是巴掌大的天空，當別人和牠說外面的天空有多遼闊時，牠反而覺得別人在胡說八道。因為牠從來沒看到過，所以自然不會相信。

如果這個時候，你嘗試和牠講道理，那麼結果只能是兩敗俱傷，但如果青蛙見了世面，那麼就算你不說，牠也會覺得你說的是對的。

因此，一個人要想變得優秀，不是聽取別人的意見，而是懂得自我認知升級。

獵豹移動公司的CEO傅盛曾說：

「人最大的競爭差異，在於認知，一個人如果能夠突破思維障礙和思維邊界，就能夠變成不一樣的人。」

事實上真是這樣，只有認知升級了，才會讓自己的未來有更多可能性。那麼怎麼樣才能讓認知更好地升級呢？

這其實很簡單，無非是讀萬卷書，行萬里路，見賢思齊，養成終身學習的習慣。

當你讀的好書足夠多，那麼認知就自動升級了，你看世界的眼光也會和以前不一樣了，會看得更加全面。

終身學習真的很重要，它會打破你對世界的看法，當你站得足夠高，整個世界會盡收眼底，認知也會豐潤。

任何時候都不要自以為是，要對事物抱有空杯心態，只有這樣才能更好地接受訊息，讓自己變得更加強大。

未來的日子裡，希望你深諳認知的重要性，努力提升自己，活成自己喜歡的樣子，活成別人羨慕的樣子。

第五章 Chapter 5

足夠堅強,就能足夠耀眼

# 每一次失敗，
# 都是最好的成長

每個人都想要一帆風順的人生，想法雖然美好，但現實卻讓你失望。你越渴望成功，失敗得就越慘，想著靠努力改變自己的命運，最後沒想到卻輸得更徹底。

網路上有這樣一句話：「我們從一無所有活成了負債累累。」這句話看似是調侃，卻也說明了人生確實不容易。

但就算再難，你也不能停下，就算失敗的次數再多，你也要堅持，因為苦盡自然會甘來，每一次失敗都是最好的成長。

## 01

坦白來說，我特別佩服為夢想拚命的人，這樣的人才是生活的主人。朋友小劉就是這樣一個人，也是我很佩服的一個人。

小劉從小就有一個律師夢，大學也是主修法學專業，正當他以為夢想快實現了時，司法考試卻碰了壁，被無情地刷了下來。

得知這個消息後，我原本以為他會很痛苦，於是便在微信上安慰他，沒想到小劉說：「我覺得這沒什麼啊，至少讓我知道了

原因，下次我一定會注意的。」

雖然他做好了所有的準備，但是第二次司法考試還是失敗了，這時候有人勸他：「既然考不過就別考了，為何非得和自己過不去呢？」

但是別人的意見絲毫沒有影響他，他在認真思考後決定考第三次，這次終於成功了。我在祝賀他的同時說：「連續考了三年不容易呀，你是怎麼面對失敗的？要是別人早就放棄了。」

小劉說：「說實話，面對失敗我也抱怨過，可是這沒什麼用，也許努力不一定換來收穫，但如果不努力，就一定不會有收穫，所以我堅持了下來。」

事實上真是這樣，有些人面對失敗不知所措，甚至會抱怨命運的不公，而有些人面對失敗，卻努力吸取教訓，總結經驗，讓自己離成功更近了一步。

在這個世界上，每個人都會經歷失敗，但你要知道，人生中的每一次失敗都是對自己的一種歷練，也是一種成長，只有在失敗中總結經驗教訓，我們才會變得更強大。

## 02

除了小劉，學長王哥也是這樣的一個人，王哥的創業之路非常艱難。

大學畢業後，王哥回到家鄉開了一家企業管理培訓公司，他

本以為這個事情很容易做，但沒想到輸得很慘。

他做了很長時間，但遺憾的是沒有任何企業來詢問，公司經營得非常慘澹。面對這種情況，親朋好友都勸他放棄，但他卻鐵了心要做。

為了做出個樣子，王哥特別拚命，他起早貪黑地去做調查，總結經驗教訓。有時候為了談一個潛在客戶，他可能要等對方很長時間，不要以為見到了就一定有結果，就算見到了，可能還是無功而返。

換作別人，早就氣餒了，但面對一次次的打擊，王哥似乎早就做好了準備。失敗了，他總結經驗教訓，想方設法去改正，為了讓自己更接近成功，他付出了太多。

功夫不負有心人，在他的堅持下，終於談成了一家企業。為這家企業培訓完後，因為口碑很好，他得到了大量的機會。

如今，他的企業管理培訓公司在我們小城經營得風生水起。

面對現在這一切，王哥感慨萬千：

「在我看來，失敗並不是一種負擔，而是一塊試金石，是人生中不可或缺的元素，也只有經歷失敗，我們才能更加成熟，才能走好未來的路。」

每一次失敗都會給我們帶來疼痛，時間久了，我們就退縮了，覺得成功不會青睞自己。其實我們真正的敵人並不是失敗，而是對失敗的恐懼，覺得只要失敗了就會陷入萬丈深淵中。

你只有打破這種恐懼，才能更好地面對失敗，走得更遠。

## 03

人這一生很短暫,無論發生什麼,那些失敗終究會成為過去,我們要做的不是抱怨,而是怎麼總結經驗教訓,從失敗中站起來,繼續前行。

就像寫作一樣,很多寫手只要被編輯拒稿,就會「玻璃心」,覺得自己不適合寫作,時間久了就會主動放棄,這一生可能再也不會拿起筆。

而有些寫手被編輯拒稿後,會馬上尋找問題的所在,然後努力地去改正,這樣經過幾次的拒稿洗禮後,他們終於撥開雲霧見天晴了。

失敗並不可怕,更不用畏懼,它只不過是你人生道路上的一塊絆腳石。就怕你承受不住失敗的打擊,覺得自己一無是處,慢慢地對未來失去了信心,如果真是這樣,那你注定是一個失敗者。

當你在人生中遇到失敗時,千萬不要氣餒,也不要逃避,如果你能勇敢地去面對,認真地克服失敗帶來的痛苦,把這些挫折當作幸福的墊腳石,那麼你一定能揚帆起航。

# 你終將會成為
# 讓自己仰慕的人

01

夜晚的城市有些寧靜，在燈紅酒綠中，我再次遇到了同學小周，只是現在的他有些沉默，不會再和我談夢想，但卻是我最佩服的人。

幾年前，小周大學畢業，憑著一腔熱血在上海闖蕩，住慣了地下室，受盡了別人的白眼，但他依然意氣風發。那時小周對我說：「你知道夢想的力量嗎？我想它足以讓我的人生大放光彩。」

可是，僅僅幾年，他完全變了個樣子，在生活巨大的壓力下，他彷彿變成了一個陌生人，也許真是歲月磨平了他的棱角。

後來我才知道，很多意想不到的事情總是會在一瞬間毫無徵兆地發生。小周家裡出了變故，父親因車禍去世，母親癱瘓在床，而那個時候小周正處在事業的上升期，權衡利弊後小周還是選擇了回家照顧母親。

在同事們惋惜的目光中，小周獨自坐上了回家的列車，家庭的變故讓他突然知道一個男人的責任並不僅僅在事業上，小周和我說：「說真的，我很愛我的事業，但我更不想樹欲靜而風不止。」他刻意沒有說後半句，其實我知道他心裡的苦。

歲月會讓一個人成熟，但永遠不會改掉他的初心，一個人總是能在最後的時候發現自己到底想要什麼，如果真的要拿一些代價昂貴的東西去交換，我想那是可悲的。

世人總是教我們如何成功，總是讓我們追趕別人的腳步，彷彿只有那樣才會光宗耀祖，可是我一直覺得孝反而更能代表一個人的人生高度，懂得孝的人絕對值得世人仰望。

## 02

三年前，我離開報社，在眾人的冷嘲熱諷中選擇了創業，為此父親甚至一個月沒有和我說話。說實話，我喜歡安逸的生活，但我總覺得生命過得毫無意義。

我永遠忘不了那天，城市的上空飄著一些雨星，這讓我的離開有些傷感，那個時候的自己真的不知道能做什麼，只是覺得僅有一次的人生，我必須酣暢淋漓地活。

很多人以為我離開報社後再也不會寫文章，但沒想到離開後我做得最多的還是寫文章，其實父母從來不知道我離開的真實原因，他們甚至認為我讓他們丟盡了面子。可是我骨子裡清楚，陪

伴對他們而言到底有多重要。

後來，我開超市時，一直把他們帶在身邊，目的就是想延長此生和他們相遇的時間，這份緣分以後怕是再也修不來了。

其實，衡量人生高度的從來不是事業，這世上有很多人不會按照大家期望的那樣活著，但無論怎樣，面對這僅有一次的人生，只要能活出精彩，那就足夠了。

在匆匆的歲月中不忘初心，不要讓所謂的世俗迷失了自己的眼睛，每走一步都要知道自己想要什麼，這才是真正的人生高度，這個高度值得我們去仰望。

每個人的一生都是一部傳奇，但很多時候我們總是放大了無用的東西，這讓我們一直活在別人的世界裡，甚至忘卻了怎麼做自己，更不用說成為自己仰慕的人。

## 03

其實很多時候，我們就是自己生命裡的主人，我們自己的人生到底會達到一個什麼樣的高度，沒有人會過多關注。他們不會在你失敗的時候給你祝福，更不會理解你對生命的定義。

成功了，光宗耀祖；失敗了，冷嘲熱諷。然而，生命的真正過程並不是這個樣子，這僅有的人生只要你用自己最大的能力走過，那麼你就是那個值得仰慕的人。

以前在公司裡時，我一直很佩服徐姐，她是我們的部門主

管,做事風格非常果斷,不僅上司賞識,而且能很快和我們打成一片。在她的帶領下,上司吩咐的事情,我們總能在第一時間完成。

有一次我們一起吃飯,我才知道徐姐是遠嫁的女人,她的娘家在東北的某個小城。在飯桌上,徐姐問我:「到底什麼才能衡量一個人的人生高度?」我以為徐姐想考考我,因此就說了一大堆人生理想之類的話。

我說完後,徐姐搖了搖頭,她說:「人生的最高境界就是一個人是否活得明白,雖然我的事業小有成功,但我付出的代價太大了。」

徐姐流著淚說:「因為工作,我都沒能見父母最後一面,你知道我心裡有多愧疚嗎?有那麼一段時間,我甚至想放棄所有,靜下心來尋找曾經的自己,可是即便這樣,我再也回不到從前。」

徐姐說完後,我才知道原來她也有那麼多苦,很多時候我們受世俗的影響太大了,以為如果不好好工作就對不起家庭,就對不起自己的夢想,因此在人生的道路上,我們用盡力氣,可是最後我們的人生彷彿錯過了很多東西。

我辭職那天,徐姐說:「好好尋找自己,莫負了曾經的初心,在未來的日子裡重新尋找自己人生的高度,多陪陪父母,未嘗不是一種幸福。」徐姐說完那刻,我潸然淚下。

## 04

　　前段時間,好友茉莉選擇了辭職,茉莉說:「我做了整整八年的記者,但我從來沒有真正地做過自己,餘生我一定不會再在乎別人的眼光,一定要活出精彩。」我笑著說:「你終於要成為讓自己仰慕的人了。」

　　在生活中,無論我們做什麼事情,總會得到別人的非議,也總會得到大家的掌聲。我一直認為,別人的非議並不能說明自己是錯的,別人的掌聲也不代表自己是對的,他們的判斷標準永遠代替不了你自己。

　　你對生命是否付出過,這不在別人眼中,而在你自己的心裡,如果為了得到別人的肯定,而違心地做一些自己根本不喜歡的事情,這真的很可悲。

　　你的人生是否達到一定的高度,也不是別人說了算,你努力付出的和你所受過的苦一定會做出最好的證明。其實,我們的人生真的不需要別人指指點點,對於別人的評價,我們完全可以一笑置之,因為我們要成為自己而不是別人仰慕的人。

　　你是否幸福,不是取決於別人的掌聲,而取決於你自己,就像穿衣一樣,冷暖自知,至於別人眼中的你是什麼樣子,又有什麼重要的呢?

# 足夠堅強，
# 就能足夠耀眼

## 01

我很欣賞一句話：「我們都曾不堪一擊，但終究會刀槍不入。」沒有人天生堅強，很多人不過是在不斷磨練中讓自己變得足夠強大。

每個人都渴望幸福，但幸福就像風雨過後的彩虹，只有經歷過風雨，才會綻放最絢麗的色彩。

生活從來都是自己的，你若是不堅強，沒有人替你勇敢。既然選擇了，就要負責到底，就算這條路步履維艱，也要風雨兼程。

## 02

說到熬出來的人，演員岳××算是一個，雖然其貌不揚，卻擁有眾多粉絲。他現在特別風光，但風光的背後，是別人看不

到的堅強和煎熬。

他上面有5個姊姊,因為在家裡生活不下去,他便帶著家裡給的200塊錢,跟著五姊到北京打工去了。

在北京的日子,生活特別艱難,因為年紀太小,他根本找不到工作。為了幫弟弟找工作,五姊拉著他到處跑。

為了能在北京活下來,他沒有任何選擇,這些年他做過保全人員,當過焊工,做過保潔員,還做過餐廳服務員,遭受過很多誤解和謾罵,但幸運的是這一切都過去了,他終於熬出來了。

泰戈爾說:「你今天受的苦,吃的虧,擔的責,扛的罪,忍的痛,到最後都會變成光,照亮你的路。」每個人成功的背後,聞起來都是苦澀的味道。

很多人懼怕生活的裂縫,抱怨命運的不公,其實生活有了裂縫,那是因為陽光要照進來啊,命運之所以不公,是希望你能奮鬥出一個絕地反擊的故事。

沒有經歷過風雨的洗禮,怎麼配看到彩虹的絢麗呢?沒有拚命地付出,又有什麼資格談擁有呢?羅馬從來不是一天建成的,人也不是一天就能飛黃騰達的。

任何時候你都要熬住,只要熬住了,你就贏了。別羨慕一蹴而就的成功,那根本不是人生的常態。所謂人生,本來就是苦樂參半,倘若沒有苦,沒有遺憾,這樣的人生又有什麼意義呢?

這個世界上從來沒有一帆風順,很多事情只能自己面對。就算寸步難行,就算無依無靠,也要扛住了,因為只有扛住了,世

界才是你的。

　　成年人的世界裡，從沒有「容易」二字可言，只不過有人在困境中學會了堅強，在痛苦中熬出了幸福。

## 03

　　生活確實很殘忍，但只要努力就不怕，每個人都會受到生活的打擊，只是有的人在打擊中過早地投降了，有的人在打擊中越發堅強。

　　面對無法預知的未來，有的人選擇努力前進，有的人自怨自艾、抱怨不斷，短時間內，可能看不出差別，但時間長了，一切自然會見分曉。

　　英國作家毛姆說：「一經打擊就灰心洩氣的人，永遠是個失敗者。」對此，我深以為然。倘若你能忍受生活的磨難，那麼就一定會撥開雲霧見天晴。

　　很多時候，命運會捉弄我們，會讓我們的人生步履維艱。在命運的折磨中，有很多人選擇了放棄，沒有了堅強，也熬不出來幸福。

　　每個人的一生都會充滿荊棘，生活也自然會充滿磨難，我們要做的不是忍受，而是打破所有的枷鎖，這樣才會有一個嶄新的人生，才能實現自己的價值。

　　電影《喜劇之王》有一幕經典的場景：

女主角說：「看，前面漆黑一片，什麼也看不到。」男主角說：「也不是，天亮後便會很美的。」

是的，人生就算黑暗再多，只要努力，也終究會擁抱光明。

面對人生的不如意，有些人喜歡抱怨，覺得是命運毀掉了自己，覺得這一生都不會有什麼成就。倘若一個人把自己打敗了，那麼他的世界也就失敗了。

任何時候都不要抱怨，倘若抱怨有用，那麼堅強還有什麼意義？抱怨只會讓你更消極，讓你人生的道路更加艱難。

每個人都很難，但也要堅強，既然沒有傘，那麼就要學會拚命奔跑，既然沒有肩膀依靠，那麼就全部靠自己。

累了痛了，你可以哭，但不要屈服，日子還要繼續，收拾好心情，繼續上路，可能再稍微走幾步就會看到光明。

任何時候，你都要逼著自己去成長，逼著自己去突破，逼著自己去承受無法言說的傷痛。倘若你去做了，就會發現生活根本沒那麼難，就像有句話說的，「你不逼自己一把，永遠不知道自己有多優秀」。

人生從來沒有白走的路，每一步都算數，熬不住了，可以短暫地休息，但不能停下，因為停下了就意味著再也沒有希望了。

不管你的過去有多苦，只要堅強努力，就會擁抱幸福；只要熬住了，就會有奇蹟。苦盡甘來之後，你會發現一切都是值得的。

「越努力，越幸運」從來不是一句空話，只要你足夠努力，足夠堅強，那麼你就足夠耀眼。

# 努力的人，
# 才能讓夢想照進現實

　　電影《墊底辣妹》是一部經典的勵志劇，主要講述了一個成績墊底的學生逆襲考上名牌大學的故事。女主角工藤彩加之所以能成功，除了靠自己的努力，還有賴於一直鼓勵自己的老師以及無條件相信自己的母親。

　　在這兩個人的幫助下，彩加從一個劣等生變成了優等生，讓自己的夢想變成了現實。這部劇中有很多人生哲理，我認真整理了一下，希望能給迷茫的人帶來一點幫助。

## 01

　　「如果把不可能的事情達成的話，就會成為自信的人。」

　　彩加是一名墊底的劣等生，被學校的老師稱為人渣，在學校就是混日子，她也自暴自棄，覺得自己的人生就這樣了。

　　當彩加放棄自己的時候，母親沒有放棄她，把她送到了補習班。在這裡彩加遇到了老師坪田，他是一位非常優秀的老師，正是他改變了彩加的一生。

坪田老師讓彩加定個目標學校,但是彩加說自己不可能做到,坪田老師說:「如果把不可能的事情達成的話,就會成為自信的人。」

事實上真是這樣,一個人感覺自己一無是處,不可能達成某個目標,就是因為不自信,不自信的人通常會自暴自棄,很難走好未來的路。

## 02

「僅憑外表就判斷我不行的大人,我一直都瞧不起他們。我什麼都沒有,這一點我清楚,如果沒有目標,就不會被任何人期待。」

因為彩加的行為,父親特別不看好她,覺得她不會有什麼大出息,所以即便彩加參加補習班並且非常努力,但還是不免得到父親的冷嘲熱諷。

在父親的眼裡,兒子才是整個家庭的希望,他判斷彩加成不了大氣候。於是在補習班的時候,彩加和坪田老師說了上面的話。

生活中,很多父母根本不瞭解孩子,他們往往會一棍子把孩子「打死」,認為他們一無是處。其實很多孩子還是有目標的,都是可以拯救的,就像彩加,如果沒有母親,她可能不會考上最好的大學,真的自暴自棄了。

父母要懂得肯定孩子,他們才會更有出息。

## 03

「『要做就可以做到』,這麼說是不好的。假設做了卻沒做好的話,就是證明自己無能了,孩子會越來越消極。」

劇中除了彩加,還有個男孩叫玲司。因為父親對他特別嚴厲,所以他一直在逃避,不願意學習,天天玩遊戲。

玲司的母親說他們祖上三代都是律師,因此也希望他能成為律師,希望坪田老師能激發他的學習興趣,還說玲司只要做肯定能做好。因為這句話,坪田老師說了上面的話。

生活中很多父母也是這樣,一直希望自己的孩子能做好,殊不知孩子只要做了就足夠了,至於是否做好完全是另一回事。如果一直以高標準要求孩子,結果只會適得其反。

## 04

「人生路上本來就少不了困難挫折,對於這些挫折,不再逃跑、勇敢面對才是最好的方法。」

在補習班待了一段時間後,彩加的成績還不是很理想,她想要放棄,覺得自己就算再努力也沒用,雖然坪田老師一直鼓勵她,但她最終還是崩潰了,和坪田老師賭氣,離開了補習班。

後來經過一系列事情，彩加想開了，她又返回補習班，對坪田老師說了上面的話，這些話也讓坪田深受感動。

很多時候，我們遇到困難，首先想到的是逃避，而不是勇敢面對，就算逃避得了一時，但根本逃避不了一世。遇到困難時最好的方法就是勇敢面對，只有勇敢面對，才有解決的希望，才能讓自己變得更優秀。

## 05

「不要把目標降低，因為把目標降低一次，就會越來越低。」

彩加想去最好的大學，但是一直遭受失敗，她難以接受，不想繼續考這所大學，而是想換一所容易進的大學來考。

當她和坪田這麼說的時候，坪田老師說了上面的話。

生活中有很多這樣的人，他們一開始會給自己定一個很大的目標，但當自己做不到時，則會降低目標，這說到底是一種自我安慰。

如果一個人有了第一次降低目標，那麼就會有第二次乃至放棄目標，所以任何時候都不要把目標降低，否則只會讓自己的未來更差。

## 06

「不管周圍人怎麼說你不行,都要充滿自信地繼續說出你的夢想,不怕嘲諷和失敗。勇於挑戰夢想的力量,對我來說是多麼耀眼。」

大家都覺得彩加是一個人渣。除了母親和坪田老師,沒有人相信她。

但彩加就想考上最好的學校,而且當著全班同學的面說出了自己的夢想,雖然很多人說她不行,但她並沒有害怕嘲諷和失敗,而是努力地挑戰自己的夢想。

當她被最好的大學錄取時,旁白出現了上面這句話。

一個人如果因為周圍的環境而改變了自己,如果因為嘲諷和失敗而放棄了夢想,那麼他的夢想就變成了幻想,再也實現不了自己的價值。

真正的強者無懼別人的嘲諷,他會付出十倍乃至百倍的努力實現自己的夢想。

## 07

「你曾說,是我改變了你的人生,但其實,正是你努力的樣子,改變了許多人的人生。」

彩加參加考試的時候,坪田老師給她寫了一封信,信中說了

上面的話。一直以來,彩加覺得是坪田改變了自己的人生,殊不知她也在無形中影響了坪田,正是因為彩加特別努力地想完成夢想,所以更加堅定了坪田老師的信心。

彩加以前是一個特別愛玩的女孩,她有三個一樣愛玩的朋友,因為彩加參加了補習班後特別努力,所以另外三個女孩也不想玩了。在彩加的影響下,她們也想找點事情做,正是彩加的努力改變了她們。

努力的人會發出耀眼的光芒,會影響身邊的很多人,當你特別努力時,周圍的人會被你的努力感染,也會改變自己的人生。

## 08

「當你把夢想寫下來的時候,它就會成真;當你想著所有好的事情,它們就會來到你身邊。」

在這部劇中,彩加一直不相信自己的夢想會成真,覺得夢想離自己很遙遠,根本無法實現。當她要放棄的時候,坪田老師說了上面的話。有句話說得好,夢想還是要有的,萬一實現了呢?

生活中很多人之所以實現不了自己的夢想,是因為不相信夢想,當一個人不相信夢想,又怎麼可能會實現呢?

無論任何時候都要相信夢想,因為只有相信,才有實現的可能。

電影《絕地救援》中的馬克曾說:

「只要開始,進行計算,解決一個問題,解決下一個問題,解決下下個問題,等解決了足夠多的問題,你就能回家了。」

生活並沒有什麼難的,只要開始,努力解決問題,最終會撥開雲霧見天晴!

# 那些殺不死你的，
# 終會讓你更強大

## 01

以前看過一個故事：

靜謐的非洲大草原上，夕陽西下。這時，一頭豹子在沉思：明天當太陽升起，我要奔跑，以追上跑得最快的羚羊。此時，一隻羚羊也在沉思：明天當太陽升起，我要奔跑，以逃脫跑得最快的豹子。那麼，無論你是豹子還是羚羊，當太陽升起，你要做的就是奔跑！也只有奔跑才會有希望。

生活從來沒有一帆風順，那些強大到讓你仰視的人，誰不是舔舐著傷口奔跑？

也許你奔跑了一生，也沒有到達彼岸；也許你奔跑了一生，也沒有登上峰頂。但是抵達終點的不一定是勇士，敢失敗的未必不是英雄。只要你不放棄，帶著傷口繼續奔跑，就一定能在自己的世界裡大放光彩。

影視明星胡歌就是這樣一位帶傷的奔跑者，23歲那年他一

夜成名，卻在24歲經歷車禍、毀容，25歲整容、回歸。現在，我們可以清楚地看到他的傷疤，但也能感受到他散發的光芒。

有人說，長得好看的人，是被上帝親了一口的蘋果。那時候，他就是被上帝眷顧的蘋果，因為上帝的眷顧，他獲得了平常人難以獲得的鮮花和掌聲。

但命運似乎跟他開了一個天大的玩笑，一場車禍讓他失去了一切，他的脖子和右眼縫合了100多針，並在四天內經歷兩次全身麻醉的手術。那段時間，他以為自己將會失去一半的光明。

在被推進手術室之前，他一直在思考如何面對右眼的失明。右邊臉上血肉模糊，他內心充滿無助，他在救護車上向醫生詢問右眼的情況，得到的答案是不確定。他在香港治療時，經紀人跟他說眼睛縫了不能哭，他只能把頭放得很低很低，讓眼淚掉在地上。

## 02

一年後，他選擇了復出，雖然自己臉上有了疤痕，但他選擇帶傷前行。他突然明白，自己是個演員，不是個明星。他說：「回不去的皮囊，可以用思想填滿。」

他用一整年的時間回歸話劇舞臺，透過話劇來磨練自己的演技，他透過話劇獲得第二屆丹尼國際舞臺表演藝術最佳男演員獎。後來大受歡迎的兩部電視劇再次讓他名聲大噪。

正如他所說:「沒有什麼值得去遮掩的傷痕。所有出現在生命裡的波折,所有留在我們身上命運的痕跡,都是我們區別於他人獨一無二的標識。傷疤,放不下是缺陷,放下了就是勳章。」

車禍後,如果他選擇一蹶不振,那麼就不會取得今天的成就,苦難有時候是上天送給我們的禮物,真正的強者一定會在苦難中涅槃重生。

尼采說:「那些殺不死你的,終究會讓你更強大。」真正的強者都是帶著傷口奔跑的,他們無法預知明天和意外哪個先來,但他們會讓自己變得更加優秀,當意外來臨時,依然能夠微笑著應對。

我們看到那些勇敢和完美的人,誰不是帶著傷口依舊向前奔跑?在某一段時間,我們會感到命運的無奈,看不見未來,也找不到希望,只能感覺到心口的疼痛,可是只有帶著這些隱隱作痛的傷口,我們才能站得更高。

## 03

人生就是一條漫長的旅途,誰都會面臨崎嶇的小路,這條小路上也一定會佈滿荊棘,你要做的就是掃除障礙,在困難中崛起。縱使生活有一千個理由讓你哭泣,你也要拿出一萬個理由來笑對人生。

當生命為你關上一扇門,它一定會為你打開一扇窗,真正的

強者一定會帶著傷口奔跑，他們會耐心地尋找屬於自己的那扇窗。傷口會讓一個人變得更加勇敢，縱使自己的世界充滿障礙，也一定會用盡全力掃平。

俞敏洪說：「人這一輩子有某些東西束縛著我們，不管是困難還是自己的社會地位，不管是道德還是法律，生命的抗爭就是在束縛中跳出最美麗的舞蹈。」

這世上沒有一馬平川的生活，誰不是跌跌撞撞一路前行，哪怕在前行的路上摔得全身是血，但至少我們一直走在路上，總好過做一個隨波逐流的抱怨者，得過且過只會讓自己的人生更加糟糕。

不管你的生活有多麼不如意，遇到多少困難，你都要默默地堅持，千萬不要懈怠，不要以為生命很長很久，你還有足夠的時間去浪費。

時光易逝，我們要在有限的時間裡讓自己變得足夠強大。

# 感覺累就對了，
# 因為你在走上坡路

01

　　心理學家透過研究人對外部世界的認識發現，每個人最渴望的就是待在舒適區，整天無所事事。躺在床上，吹著冷氣，追著自己喜愛的連續劇，這確實是一種非常舒服的活法。

　　有段時間，「躺平」猛滑微信朋友圈，並成為很多年輕人羨慕的生活方式，但殊不知這種安逸正在悄悄懲罰你，當你失去為夢想奮鬥的動力，這個殘酷的世界也會淘汰你，會讓你越來越弱。

　　朋友，床上沒有你的未來，只有你虛度的青春！

　　幾年前，公司裡來了兩個姑娘，她們的硬體條件都不錯，畢業於同一所大學，但她們對工作的態度完全不同。小A是迷戀舒適區的人，即使遇到不錯的新聞，也不想去跟，總是在辦公室裡混日子；而小B則不一樣，無論是酷暑還是寒冬，都一直堅持。

　　小B的個性簽名是：「感覺到累就對了，舒服是留給死人

的。」

時間一長，她們終於拉開了距離。有一次，主任帶她們去做採訪，小Ｂ輕車熟路地很快做完，而小Ａ連採訪的基本方式都忘記了，在小Ｂ的幫助下，才順利採訪完。

主任看到她們的稿件時，不禁長嘆一口氣，他對我說：「到底是什麼原因讓兩個水準相近的人最後拉開了距離？」

我說：「應該是心態，從一開始小Ａ就沒有進入工作狀態，她只是舒服地混日子，這樣的結果肯定是自己越來越弱。」我說完後，主任點了點頭。

其實，躺著讓自己舒服，本身沒有問題，但如果這種力量太強，就會讓你放棄追逐夢想的動力，這非常可悲。

## 02

生而為人，我們都在為自己的夢想奮鬥，但很多時候我們覺得天上會掉下餡餅，我們會在年輕的日子裡把自己過成發條，隨波逐流地享受舒服帶來的愜意，但是這種生活會害了自己。

二十幾歲的人想過八十多歲的生活，這確實太可悲了。

我們要有一顆挑戰的心，只有這樣才會讓自己變得更強，才不會被世界淘汰。

很多人表面上一直在努力地追逐夢想，但從來沒有得到一個好結果；有多少人嘴上說一定要逃離舒適區，卻依舊熬夜追劇、

看漫畫,最後虛度了青春。

我們過得太舒服了,所以才喜歡一路安逸地走下去。早上睡到八、九點,醒來隨便吃幾口飯,然後玩電腦,打遊戲,如果時間富裕,再談談戀愛,逛街、吃飯、看電影,然後在通訊軟體朋友圈吹吹牛,也許這樣的一天你不覺得浪費,但當所有浪費的一天聚集起來,那就是自己的未來。

生於憂患,死於安樂,你的太安逸一定會消磨你的鬥志。

我們每個人都不曾滿足現狀,表面上想努力地去改變,但又喜歡現在的安逸,不用操心什麼,每天吃吃喝喝,享受生活帶來的樂趣。

## 03

朋友格子在一家公司工作了五年,後來的同事都陸續升職了,但是她卻原地踏步。對此,她百思不得其解,她不明白為什麼有些人明明沒有自己努力,卻比自己升職得快。

格子的生活方式很簡單,在公司裡認真做好上司交代的工作,回家後就開啟滑朋友圈、追劇模式,她天真地以為大家跟她的生活方式完全一樣。

當她跟好朋友曉麗提起這件事時,曉麗說:「真羨慕你還有時間滑朋友圈、追劇,我好多工作都做不完,恨不得自己有三頭六臂。」格子說:「每天的工作都很簡單啊,想不到你效率這麼

低。」格子說完,曉麗並沒有說話。

　　格子根本不知道,曉麗是按照更高職位的工作內容要求自己,她知道只有自己對這些工作得心應手,才能更容易獲得提拔,她何嘗不想舒服地躺在床上追劇,但如果這樣下去,那麼自己的未來將一片渺茫。

　　很快,曉麗獲得了升職,而格子還是原地踏步,或許她這一生都不知道自己跟別人的差距在哪裡。如果一個人在舒適區裡待久了,按部就班地做好自己的工作,那麼她的未來一定不會很好。

　　年輕是我們的資本,我們要做合理的規劃,盡最大的努力為自己爭取機會。

　　無論如何,這漫長的一生總會過去,趁著還有時間和精力,去做些喜歡的事情,讓所有不舒服的事情變得舒服,讓曾經的夢想變成現實。

## 04

　　如果你足夠聰明,那麼請逃離消磨你鬥志的舒適區,千萬不要讓自己陷入安逸中,哪怕努力的路充滿艱辛,哪怕居無定所、顛沛流離,你都要努力去追逐,去酣暢淋漓地搏一次。

　　面對這僅有一次的人生,我們一定要活出精彩,等我們老了,拚不動了,再回去躺在床上舒服也不遲。

李尚龍說：「真正的強者，他們在年輕的時候，一定會經歷滄桑，化解迷茫，學會堅強，懂得療傷，他們一定會讓自己變得更強。」

坐井觀天的故事大家都聽過，很多時候，我們其實就是井底的那隻小青蛙，如果不跳出那口舒服的井，怕是永遠都不會知道世界有多大。

有時候我想不明白，我們這麼年輕，為什麼喜歡舒服地躺著，遇到有想法的事情也不想去做，這真的很可悲。其實，年輕人就應該有衝破舒適區的勇氣。

打破舒適區，才會讓自己更加卓越，才能給自己帶來持久的幸福。

一個人的一生至少該有一次不顧一切的闖蕩，不求結果多輝煌，也不求身邊有多少同伴，只要堅定地朝著夢想努力，這就足夠了。

生活本身是一匹野馬，我們則是騎在這匹野馬上的將軍！人生是自己的，該怎麼掌控，往哪個方向走，都要為自己做個規劃，為這個目標去努力！

趁著自己還年輕，你應該去開拓自己的視野，讓自己的活力散發出來，也不枉自己的青春歲月。

# 不要假裝努力，
# 結果不會陪你演戲

01

　　寫作以來，我經常會收到讀者朋友的各種問題，他們覺得自己已經很努力了，但結果依然很糟糕。時間久了，我突然發現，那些所謂瘋狂努力的人不過是在自欺欺人。

　　有位讀者給自己的未來做規劃，她覺得自己的英語不行，所以想努力學英語，給自己增加個挑戰高薪的籌碼。

　　她是這麼說的，也是這麼做的。一段時間以來，每天都能看到她在微信朋友圈曬打卡，沒有落下一節課，隔著螢幕，我彷彿都能看到她光輝燦爛的未來。

　　一次，我們在微信上聊天，我說：「真佩服你的毅力，你堅持了兩年，現在英語水準應該不錯了吧。」出乎我的預料，她發過來一個大哭的表情，然後說：「別提了，到現在還是老樣子，真是煩死了。」

　　她說完，我以為是謙虛，這麼努力，怎麼可能是這種結果

呢？

後來才知道，原來她所有的努力都是假裝的。為了讓大家覺得她努力，每次打完卡發完朋友圈後人就消失了，其實她覺得英語枯燥難學，自己根本不可能學會。

朋友圈的努力是個假象，最終的結果是什麼都不會，這種努力不過是自欺欺人，一邊騙著自己，一邊秀給別人看。

如果到頭來自己一無是處，那麼就會不斷地抱怨社會，覺得社會不公平，自己那麼努力都沒有得到想要的結果，但請捫心自問，你真的努力過嗎？

## 02

有些「努力」，的確能感動自己，甚至還感動了朋友圈。可是，如果不是有效的努力，最終都會淪為一場表演。

有多少人有了努力的姿態，卻少了努力的行動，他們的努力實際上就是「勤奮的懶惰」。不過是用時間的量，給自己製造勤奮的假象而已。

可怕的是這種人並沒有覺得自己有什麼問題，他們不僅沉浸在自己的世界裡，還會被自己所謂的「努力」感動得稀里嘩啦。

然而實際上，他們雖然付出了時間，但收穫幾乎為零。等結果出來後，這種努力的假象，一戳就碎了。

我們都討厭不求上進的人，但似乎正在成為這種人。雖然一

直不安於現狀卻又沒勇氣改變，做著無效的努力來麻痹自己；懷揣著為夢想奮鬥的心，卻沒有踐行夢想的命；習慣於把「想做」當成「在做」，把「在做」當成「做到」。

我們總覺得自己付出太多了，但結果卻實在難以接受，然後開始怨天尤人，抱怨上天的不公平，一遍遍地為自己找藉口，卻不去尋找造成這種現象的根本原因。當回過頭來才會發現，這些努力不過是在浪費時間。

我在網路上看到一句話，深以為然：

「其實真正的努力，從來不是比誰熬夜到更晚，比誰花的時間更多，比誰把自己虐得更慘，而是找到合適的方法，拋下雜念，全身心地投入一件事情。」

成年人的世界，最怕的就是自欺欺人，沒有人在乎你努力的過程，他們只關心你努力的結果。你只有不把努力當成表演，不斷提升自己，人生之路才會走得更遠。

## 03

這世上有一類人很討厭，他們所做的一切都是表演，生怕別人不知道他們有多委屈，以為為夢想付出了努力，殊不知這一切不過是假象。

真正努力的人會默默地堅持，一步步地掃清通往成功路上的障礙。

有一個朋友是典型的創業狂人，他很少在微信朋友圈裡求點讚，而是一直腳踏實地地努力，在平常根本看不到他努力的影子。要不是他帶著成功出現，我們甚至都把他忘了，正是憑藉這份有效的努力，他終於實現了自己的價值。

其實，一個努力追逐夢想的人真的值得讚揚！

低水準的努力只是一件華麗的外衣，它掩蓋了不思進取的事實，縱使會給別人造成努力的假象，但卻最終害了自己。

雷軍曾說：「永遠不要用戰術上的勤奮，去掩飾戰略上的懶惰。」

在努力的過程中，也許你需要冷靜客觀地思考，甚至做出改變，但真正有效的努力絕對不是只停留在腦海。

誠然，每個人都有惰性，一時的犯懶並不可怕，最可怕的是假裝努力，它會讓我們對自己的懶惰渾然不覺，以為自己真的在努力。

生活中，我們常常會不知不覺地變成假裝努力的人，一直把努力掛在嘴邊，從來不去付諸行動，就算行動了也只是簡單應付。

假裝努力的後果很可怕，這會消磨我們的意志，讓我們變得拖延，並且無法專注。越假裝，後果越糟糕。

## 04

那些真正努力的人，從來不會跳出來表演，他們總是「悶聲發大財」。有個同學，很長時間沒有聯繫了，前段時間在微信上聊起來，才知道他已經是公司的老闆了。

要不是這次聊天，我甚至忘了有這一個同學。

談起這幾年，同學感慨萬千。因為創業，他付出了太多，但最終還是咬牙堅持過來了。

那段日子苦不堪言，他各個街區發宣傳單，隨身攜帶充電線，一天裡要停下來充電兩次。等著充電時，正好胡亂地吃幾口飯填飽肚子。

在寒冷的冬天，他依然行走在路上，有時候凍得手都伸不出來，但他還是沒有退縮。因為知道自己想要什麼，所以他為了這個結果瘋狂地努力。

上天永遠不會虧待認真努力的人，他的付出終於換來了回報。

其實，世界就是這個樣子，大家關心的永遠都是結果，而不是過程。如果最終沒有一個好的結果，那麼你所有的努力不過是經歷。

在通往成功的路上，每個人都是孤獨的，完全沒必要把你的努力展示給大家看，因為這毫無意義，你要做的就是努力前進，爭取早日實現自己的價值。

如果你認真有效地努力了,那麼你一定會有一個光輝燦爛的未來。

# 真正厲害的人，
# 沒有時間抱怨

01

　　有個朋友是一家公司的總經理助理。中午一起吃飯時，她說了這樣一件事：

　　早上總經理叫她去辦公室，讓她把一名員工調到另一個部門。朋友說：「這個部門在公司最容易被忽略，調到這裡一般就沒有出頭之日了。」

　　我問她怎麼會這樣？

　　朋友簡單地說：「這個人什麼都好，就是太愛抱怨了。」在朋友的講述中，我終於知道這名員工是什麼樣的人。

　　這名員工是公司的資深員工，憑著能吃苦從基層一步步幹上來，卻因為抱怨又一步步降了下去。遇到問題，他首先想的不是改變，而是抱怨。

　　每天只要有機會說話，他就開始抱怨。這些年，他老是覺得自己虧，結果越抱怨，境遇越差。

因為他的抱怨嚴重影響了公司的其他員工，所以總經理發怒了。

生活中，有很多人也是這樣，明明是自己的問題卻不停地抱怨，明明自己不努力卻覺得自己受到了天大的委屈。沒有成績，前途一片黑暗，按理說應該奮力改變，想辦法給自己鍍金，然後實現自己的價值，但這些人卻把所有的問題都歸結為外部因素。

愛抱怨的人無法控制情緒，也不懂得自我調整，只是由著自己的性子來，他們不知道抱怨是一切關係的殺手，也不知道自己的壞情緒會讓他人厭煩。

越抱怨，越沒用，最後只能成為一個無法實現人生價值的人。

## 02

不可否認，生活中愛抱怨的人大有人在：考試失敗，抱怨試題太難；工作失誤，抱怨客戶難纏。

抱怨的人，只需要動動嘴，就可以把自己的責任推得一乾二淨，還減輕了自己的內疚感，讓自己心安理得地渾渾噩噩，維持現狀。

孟子曰：「行有不得，反求諸己。」做事情不成功，遇到了挫折和困難，要從自己身上找原因。

我有個朋友也是愛抱怨的人，他在一家技術性公司，卻與技

術無緣，相較別人的工作職位，自己的就顯得弱了一些。

在朋友的眼裡，自己的工作職位沒有半點用處，工作瑣碎，收入有限，毫無技術含量，根本沒有很好的前景。

大家勸他好好幹，是金子一定會發光的，但是朋友就是不聽。前段時間，公司裁員，朋友被裁掉了，這下子他連抱怨的機會都沒有了。

也就是在這一刻，他才知道這份工作對自己有多重要，但正是因為自己的抱怨，才出現了這樣的結果。

愛抱怨的人，運氣不會太好。一個人與其抱怨，不如找到問題的癥結，出手解決問題。

當你不再抱怨，全力以赴地去努力，就一定會實現自己的價值。等實現價值再回過頭來看，你曾經的抱怨根本不值得一提。

遇到問題，強者都會想辦法改變，只有弱者才會抱怨，最後連機會也沒了。

## 03

一個人與其抱怨，荒廢時光，還不如給自己提盞燈，照亮未來的路。

前段時間同學創業失敗，我覺得他肯定特別頹廢，鬍子拉碴，便前去安慰。推開門，我驚呆了，同學不僅沒有我想的頹廢樣，而且整個人看上去特別樂觀。

我好奇地問：「失敗了，難道心裡不難過嗎？」

同學笑著說：「當然難過了，但是沒用啊，我正在找失敗的原因，給自己未來的路找一盞燈，相信下次就不會出現這樣的問題了。」

同學說完，我對他豎起了大拇指。

事實上真是這樣，那些成功者往往能及時地調整自己的心態，尋找問題的癥結所在，絕對不會把時間浪費在抱怨裡。因為他們知道，抱怨沒有半點用處，只會讓自己更痛苦。

他們會努力地尋找自己前進的燈，用這盞燈照亮自己未來的路。

抱怨，除了讓自己生氣，讓別人討厭，什麼都得不到，還浪費時間。每個人的時間和精力都是有限的，不要把本該用來改變的力量用到了抱怨上。

一位心理學家說過：「遇到同樣的問題，為什麼有些人成長了，有些人垮掉了？核心原因在於人的內在力量。」什麼是內在力量？就是與負面情緒相處的能力。

一個人只要不抱怨，懂得給自己提盞燈，那麼他就贏了。

## 04

魯迅曾說：「地上本沒有路，走的人多了，也便成了路。」

有時候前途只是暫時黑暗，但你可以給自己提一盞燈，等你

撥開雲霧，一定會見到天晴，山重水複處，定然會柳暗花明。

人生之中，千萬不要抱怨，這會害了你。

如果一個人只知道抱怨而不想去改變，那麼就算拿了一手好牌，也不會打好。

有人說，這個世界是用能力和成績來說話的，跌倒了就爬起來，有問題就想辦法解決，抱怨真的沒有什麼用。對此，我深以為然。

暫時的失敗不代表什麼，只要努力地站起來，成功就會向你招手。無論何時，心中一定要有燈。心中有燈，哪裡都是路，未來也會一片光明。

# 人要有
# 敢做自己的膽量

01

　　林語堂曾經用一句話自勉:「我要有能做我自己的自由和敢做我自己的膽量。」

　　生活中,我們過於看重他人的評價,事事受人影響和左右,很難做自己真正想做的事。太在乎別人的看法,說到底就是沒自信。

　　兩年前,我開始寫作,那個時候我從來沒有發表過任何作品。當我決定寫作時,朋友L勸我別冒險。他跟我說寫作是這個世界上最卑微的勞動,透過寫作賺錢養家更是不實際的。

　　我堅持了一段時間後發現確實如L所說,一篇文章浪費了自己大量的精力,到最後還是夭折了,我開始懷疑自己,後悔自己當初沒有聽L的建議。得知我的情況後,L說:「都怪你不聽勸,現在認栽了吧。」

　　但我當時根本不死心,經過慎重考慮,我還是選擇了繼續堅

持，這時L說：「你真是不撞南牆不後悔，等你碰得頭破血流就知道自己有多傻了。」

我之所以選擇堅持，一方面是對自己的文字有信心，另一方面是想讓自己獲得突破。那段時間我經常忙到深夜，不斷地記筆記，拆解文章，有時候看到一句非常好的句子，我會特別興奮，就像撿到了寶貝。為了能更好地輸出，我選擇瘋狂地輸入。

那段時間，陪伴自己的除了一盞孤燈，還有滴答的鐘錶，我記不清自己到底寫了多少廢稿。

說實話，堅持不下來的時候，我也想過放棄，當別人一遍遍地說寫作是最傻的投資時，也想過結束這樣的日子，但最終還是堅持了下來，因為我相信自己一定可以。因為自信，我一路堅持，在瘋狂的努力下，我終於有了一點小成就。

我不僅上遍全國各大雜誌，而且成了很多公眾號的簽約作者，如果當時我聽信L的看法，那麼斷然不會取得這些成就。

真正自信的人，不會受別人的影響，不論別人如何評價自己，他們都會堅持做自己想做的事情，盡最大的能力實現自己的人生目標。

## 02

有段時間，電視劇《延禧攻略》很熱門，看完後我突然發現，魏瓔珞就是特別有自信、不在乎別人看法的人，她的內心足

夠強大。

面對姊姊的死亡，家裡所有的人都因為畏懼皇權而選擇隱忍，父親為了讓她放棄報仇，甚至以和她斷絕關係相要脅，但她不為所動，堅持進宮為姊姊報仇。

她在宮中遇到了真心關心自己的人，當對方勸她放棄時，她依然選擇堅持，絕對不會因為別人的看法而改變自己。

魏瓔珞有自己的一套原則，對於欺負了自己的人，她從來都是正面反擊，對於軟弱的人她也不屑於欺負。她知道自己想要什麼，最後在皇宮這個大染缸中，活出了真實的自己，走到了人生的巔峰。

現實生活中，我們很難做到不在乎別人的看法，別人無意間的一句話可能就會讓我們悶悶不樂，甚至開始懷疑人生，從此一蹶不振。

我們太在乎別人的看法，越來越做不好自己了，而那些強大自信的人，從來不會被別人的意見牽制，他們只想做最好的自己。

這世界上，有很多人過著一成不變的生活，他們太在乎別人的看法，當別人給他們的熱情澆上一瓢涼水時，他們會很自然地退回來，再也不敢談自己的夢想，覺得那太奢侈，他們開始在別人的看法裡得過且過。

## 03

我看過一個故事：

美國歌唱家瑪利亞非常喜歡唱歌，未成名前，她每天都在屋前的空地上練習。鄰居冷笑著說：「即使你練破了嗓子，也不會有人為你喝彩，因為你的聲音實在太難聽了。」

瑪利亞聽了並沒有自卑或者生氣，她說：「我知道，你所說的這番話其他人也對我說過很多次，但我不在乎，我是為自己而活，不需要活在別人的認可裡。我只知道我在唱歌的時候整個人都充滿自信，所以無論你們怎麼批評我的聲音難聽，都不會動搖我繼續唱下去的決心。」

這說到底就是自信，後來，憑藉這份自信，瑪利亞成了一名偉大的歌唱家。

真正自信的人，絕對不會受限於別人的看法，因為他們的內心充滿底氣，知道未來的路該如何走。

一個人越是自卑，就越會在意別人的看法，也越會忽略自己的感受，自己彷彿木偶一樣拚命活給別人看，最後將真實的自我囚禁在深深的黑暗裡，更加自卑。

但那些真正強大自信的人，根本沒有時間去在意別人的看法，他們能夠真正認識自己，知道自己是個什麼樣的人，可以堅定不移地為了自己心中的夢想而去努力奮鬥。

## 04

作家艾倫・狄波頓說：「人類對自身價值的判斷有一種與生俱來的不確定性，我們對自己的認識很大程度上取決於他人對我們的看法。」

電影《阿甘正傳》裡有一段經典對白，別人問阿甘：「你以後想成為什麼樣的人？」阿甘回答：「什麼意思？難道我以後就不能成為我自己了嗎？」

事實上真是這樣，不在意別人看法的人才會活出自我，做最好的自己。只有內心缺乏底氣，特別想獲得別人的認可的人，才會在乎別人的看法。

每個人都有自己的認知方式，對是非優劣都有自己的一套判斷標準，一味追求別人的認可和喜歡，只會讓自己無所適從，陷入嚴重的自我懷疑中。

如果你太在乎別人的看法，那麼根本無法做回真實的自己。每個人的一生都會遇到很多不順，不同的是，有的人在別人的看法中繳械投降了，而有的人繼續堅信自己的想法，不在乎別人的意見，他們知道徐來的清風一定會吹去身上的陰霾。

歌德曾經說過：「每個人都應該堅持走為自己開闢的道路，不被流言嚇倒，不被他人的觀點牽制。」

真正自信的人，不會盼望每個人都對自己滿意，因為他們知道這根本不切實際。太在意別人看法的人，最後只有兩種結局：

要麼自己被累死,要麼讓別人整死。

　　如果我們足夠自信,絕對不會在意別人的評價,更不會受到外界的影響,那麼才能真正感受到自己內在的美好。

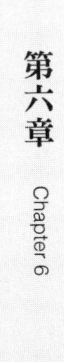

## 第六章 Chapter 6
## 全力以赴的人生，雖敗猶榮

# 懂得堅持的人，
# 終會被溫柔以待

01

　　這個世界並不完美，甚至有些殘酷，當全力以赴但結果不如意的時候，很多人就會放棄，完全放低對自己的要求，在佈滿陰霾的心裡自怨自艾。

　　其實，不如意才是人生常態，我們無法預判未來的生活，幸福也好，痛苦也罷，但我們能調整自己的態度，對自己嚴格要求，獲得人生的獎賞。

　　如果連你都放棄了自己，那麼基本上是沒有好的未來的，你的放棄會讓自己未來的日子過得步履維艱，最終讓自己活在深淵裡。

　　任何時候都要知道，只有不放棄自己，人生才有奇蹟。

## 02

當一個人心理崩潰了，他的整個世界就都崩潰了，沒有人能勸得了他，因為他明白所有的道理，只是自己把自己放棄了。

嚴格要求自己，剛開始看似沒什麼，但實際上對自己未來的日子影響深遠。

人在低谷時，最好的辦法就是不放棄，堅信自己一定行，唯有如此，人生才會有新的機會。就怕你內心崩潰，再也無法奮鬥出一個絕地反擊的故事。

功成名就的人不是多聰明，而是懂得堅持，懂得永不放棄的道理。

朋友文娟是一名地產銷售員，一開始她的業績並不好，在所有銷售員中，她幾乎墊底。上司看不起她，朋友嘲笑她，總之沒有人看好她，也沒有人給她鼓勵。

換作別的銷售員可能早就辭職不幹了，既然賺不到錢，何必在這裡受盡白眼，委屈自己呢？

但是文娟沒有，因為她始終相信一個人對自己嚴格要求，日子不會過得太差，就算再難也總有熬過去的一天。

就這樣，文娟每天非常努力，不是給客戶打電話，就是介紹房屋情況，不是跟優秀同事學習，就是陪客戶看房。在這種勞動強度下，每次下班，文娟整個人幾乎累癱了，但她沒有怨言，繼續堅持。

有些人的成功看似偶然，實則是必然的。

在這份堅持下，文娟賣出了第一間房子。簽訂合約時，客戶對文娟說：「你知道嗎？這間房子我並不是很滿意，但是你的堅持讓我很感動，因為你這個人，我覺得錯不了。」

客戶說的話很簡單，文娟心裡卻暖暖的，因為這世上沒有一個銷售員不渴望被認可，這種認可並不單指金錢，更是精神上的滿足。

你可能覺得文娟的運氣很好，但這份運氣何嘗不是她自己爭取的，如果她受不了這種苦，最後放棄了，那麼還會有這樣的結果嗎？

每個人最大的對手不是別人，而是自己。當你不想去戰勝自己時，別人說得再多也沒用；當你想戰勝自己時，就算前面障礙重重，你也會披荊斬棘，走出個一馬平川。

## 03

有句話說得好，當你懂得疼自己時，整個世界的人都會疼你。同樣的道理，如果你不放棄自己，那麼整個世界也不會放棄你；如果你放棄了自己，那麼很抱歉，世界也會放棄你。

我曾看過這樣一個故事：

馴鹿和狼本來生活在同一個地方相安無事，但後來突然有一隻狼攻擊馴鹿群，以迅雷不及掩耳之勢抓傷了一隻馴鹿的腿。

雖然狼的速度很快，但沒有造成實質性的傷害，如果你以為這就結束了，那麼就錯了。後來不同的狼都會攻擊這隻馴鹿，一開始馴鹿還反抗，但因為舊傷未癒，又添新傷，馴鹿漸漸喪失了反抗的勇氣。

當馴鹿越來越虛弱，完全不能對狼群構成威脅時，狼群也不再兜圈子，而是直接攻擊，飽餐一頓。

狼攻擊馴鹿是一個偶然，因為馴鹿無法預知危險，這就像我們也無法預知危險一樣。但當被攻擊後，馴鹿應給予反擊，而不是默默忍受，否則危險就會放大，甚至失去生命。

見過馴鹿的人應該知道，相比較狼，馴鹿體格高大，狼群是很難奈何牠的。如果牠反抗，那麼狼根本不是牠的對手，但很遺憾，牠自己打敗了自己。

面對狼群的攻擊，馴鹿心理崩潰了，最後牠選擇了放棄自己，這樣的結果自然是被狼群飽餐一頓。

對於一件事，堅持可能不一定會有好結果，但是放棄一定不會有好結果。在這個世上，你不要抱怨任何人，更不要覺得世界不公平，因為如果你不放棄自己，那麼沒有人和事能奈何你。

但如果你放棄了自己，消極地應對生活中的困難，那麼肯定會受到生活最嚴厲的懲罰。人生實苦，你要做的不是繼續品嚐苦，而是想辦法給自己的人生加點糖。

生活中，大多數人遇到困難時，首先想到的不是怎麼做，而是放棄，因為害怕輸，因此不想去挑戰，正是這種畏縮的心理，

讓其很難實現自己的人生價值。

## 04

你可能會因為最後沒有成功而否認自己，但事實上，任何成長都很精彩，即使你只是超越了自己而沒有超越任何人。

人生在世，沒必要想很多，你只有勇於突破內心的阻礙，相信光明的存在，才能真正撥開雲霧見天晴。

# 活路不是別人給的，
# 而是自己殺出來的

## 01

在一個群組裡聊天時，突然看到一句話，我深以為然：「活路不是別人給的，而是你自己殺出來的。」這句話確實很有道理，很多時候，我們總是抱怨上天對自己不公平，但從來沒有想過自己為此做了什麼。

某公司有個簽約作者群，群裡實行淘汰復活制，而且復活的機會只有一次，具體要求是每個作者每月都要完成兩篇稿子，如果沒完成則在下月要完成四篇，這樣就可以復活了，如果還是沒完成，那麼只能出局。

有很多作者總是等到最後才寫稿，當覺得自己完成不了的時候，就想讓編輯給自己一條活路，不想就這樣被淘汰出局。

說實話，對這樣的行為我是鄙視的，每月只有兩篇稿子，完成起來應該非常簡單，之所以沒完成，就是因為自己太懶了。

或許你可能覺得自己的事情特別多，真的顧不上，那麼誰事

情不多呢？我有一家中型超市，年底的時候特別忙，但我還是如約完成了幾個公眾號的任務。

那段時間，我的身體就像散了架，每到晚上就想倒頭就睡，但最後還是說服自己堅持下來。這個世界上有很多條活路，就看你怎麼走。

如果你不奮力去殺，那麼活路也有可能變成死路，相比痛苦的自怨自艾，還不如努力地殺出去，至少這樣還有成功的機會。

在安逸的生活面前，每個人都想不思進取，但這絕不能成為摧垮你的理由。很多時候我們總是抱怨自己運氣太差，殊不知這一切都是自己造成的。

## 02

《士兵突擊》中有一句話：「想要和得到中間還有做到。」我很欣賞這句話，也明白了完成一件事要付出多大的努力。

在這部電視劇中，按理說許三多的人生是沒有希望的，本身是超生，被父親整天罵龜兒子，膽小、自卑、懦弱，跟同村的成才根本沒法比。

進入部隊後，成才成了各大連隊爭搶的對象，而許三多沒有人願意要。如果說他還有點幸運的話，那就是跟了一個好班長。

是的，擺在許三多面前的就只有一條路，如果自己不殺出去，那麼一切就這樣結束了。但最終他明白了自己想要什麼，所

以為了這個結果他拚盡了所有的力氣，終於讓自己逆襲。

　　命運對每個人都是公平的，你做了什麼它都會有記錄。如果你為此瘋狂地努力，那麼結果一定是好的，也一定會有很多條活路等著你去挑。但如果你無所事事，隨便應付，那麼結果必然會非常糟糕，到頭來一事無成。

　　魯迅說：「哪有天才，我只是把別人喝咖啡的工夫，都用在了工作上。」

　　這世上所謂的天才就是努力的力量，就是對工作全力以赴的人，就是為自己人生路上披荊斬棘的人。

## 03

　　我佩服那些堅持的人，更佩服那些想盡一切辦法為夢想找活路的人，一個人如果沒有了夢想，那麼跟鹹魚又有什麼兩樣呢？

　　有個朋友就是沒有夢想的人，雖然她跟每個人說自己的計畫，但是她從來不會去做。因為害怕失敗，她根本不去嘗試。

　　她有大把的時間可以利用，但她沒有，而是把時間浪費在無聊的肥皂劇上。那段時間公司裁員，她赫然在列，為此她感到非常委屈，就找上司理論。

　　上司說：「對不起，我沒有辦法不這麼做，公司裡面不會養閒人，以你目前的能力根本不能勝任現在的工作。」從上司的辦公室出來後，她哭得稀里嘩啦，但無論怎樣，職場都不會相信眼

淚。

本來擺在她面前的是一條活路，但她卻走死了，可能在這個過程中她覺得無所謂，但當結果出現的時候，她終於意識到了問題的嚴重性，但一切都晚了。

你為夢想偷的懶，就是給未來挖的坑，這一切都怨不得別人，只能怪你自己。一個人只有努力成全自己的夢想，成為自己的英雄，才能無悔這一生。

04

之前，有一條新聞很熱門。

河北省唐山市地方政府把地方上的路橋收費站都取消了，之前收費站的工作人員也面臨著失業，於是他們去找有關主管討說法。

在這群失業人員中，一位大姐說：「我今年36歲了，我的青春都交給收費站了，現在啥也不會，也沒人喜歡我，我也學不了什麼東西了。」

有些人以為自己一生都是活路，所以不會去改變，這使人喪失鬥志，如同溫水中的青蛙，一旦遇到危險，就會陷入被動當中，最終死路一條。

其實，你要知道，活路不是別人給的，而是你自己殺出來的，如果想時刻擁有活路，那麼就要養成隨時隨地學習的能力，

克服自己的懶惰，為了夢想全力以赴，這不僅是一種縱向的自我提升，在橫向上也是對自我人生的一種豐盈。

如果你想走得更遠，那麼千萬不要放棄學習的能力，這個世界是變化的，誰也不知道會在什麼時候遇到危險，我們唯一要做的就是讓自己變得更加強大。

# 堅持努力，
# 最壞的結果不過是大器晚成

01

工作第一年時，我對未來充滿焦慮，不知道自己的未來是什麼樣子，對同齡人取得的成就也經常羨慕不已，哀嘆命運的不公。

那個時候，租房和騎自行車成了我上班的標準配備，整天渾渾噩噩地混日子。

當我在憂慮中消磨時間時，工作上出了很大的錯誤，為此主管特門找我談話。不得不說我的主管還算比較仁慈的，並沒有直接開除我。

但我卻不知天高地厚地辭職了，我甚至覺得自己之所以生活得差就是因為這份工作。

辭職後，我依然對未來充滿擔憂，會經常陷入夢幻中，幻想自己某一天突然能光宗耀祖。在這種思想的影響下，我經常好高鶩遠。

因為對未來充滿擔憂，我的人生之路變得異常艱難，甚至連一些很微小的夢想都難以實現，在某一段時間我甚至放棄了自己。

當時，我完全不想再努力，覺得就算自己拚盡全力，結果還是老樣子，與其這麼辛苦，不如相信命運的安排。

就這樣，我渾渾噩噩了很長時間，不知道人生何去何從。

如果我一直這樣下去，那麼可能真的一事無成了，幸運的是一段時間後，我試著調整自己，努力改變自己，因為屬於我的時間越來越少了。

那段時間，我不再選擇憂慮，而是一步步地前行，也不再考慮結果，而是盡自己最大的努力去爭取。我開始瘋狂地寫作，開始為了夢想全力以赴。

我的文章很快就在各大報紙雜誌和公眾號上發表了，也獲得了自己一直渴望的結果。

其實，所有的路都需要我們一步步地走，我們對未來的擔憂不過是在浪費時間，與其有時間擔憂，不如全力以赴，只要你一直在路上堅持，最壞的結果也不過是大器晚成。

## 02

錢鍾書先生說：

「似乎我們總是很容易忽略當下的生活，忽略許多美好的時

光。而當所有的時光在被辜負、被浪費後，才能從記憶裡將某一段拎出，拍拍上面沉積的灰塵，感嘆它是最好的。」

我們很難滿足當下的生活，總覺得自己應該可以做得更好，但這些只是止於想像，很難落實到行動上，於是一直在後悔中停滯不前。

我有個同學也是對未來充滿了擔憂，他害怕自己的夢想無法實現，他抱怨自己生不逢時，但他從來不去做，總是一邊發牢騷、一邊退縮。

當同齡人比他生活得好時，他就說別人運氣好，從來看不到別人付出的努力，他覺得這世上所有的一切並不是努力的結果，而是命運的安排。

在這種思想的影響下，他工作做不好，生活也過不好，一直生活在對未來的擔憂之中，因害怕失敗而從不開始，我建議他多努力，免得將來讓自己後悔。

沒想到他說：「這個時代，並不是努力就能換來成就的。」

對於他的想法，我實在不敢苟同，雖然努力可能暫時改變不了什麼，但不努力絕對不會有改變，與其原地踏步，不如付諸行動。

這世界上沒有一個人是不用努力就會獲得成功的。

司馬光從小是個貪玩、貪睡的孩子，經常遭受先生的責罰和同學們的嘲笑，一直生活在對未來的擔憂當中。

後來，他決心改掉貪睡的壞毛病，便用木頭做了一個警枕，

早上一翻身，頭滑落在床板上，自然驚醒，從此他天天早早地起床讀書，堅持不懈，終於寫出了曠世巨著《資治通鑑》。

在人生這條道路上，對不確定的事情擔憂，就是浪費時間，當你選擇擔憂而不付諸行動時，你的人生注定會一事無成。

## 03

其實，真沒有必要一直擔憂未來，這太浪費時間了。

有這麼多時間，我們完全能幹很多事情，就算夢想之路步履維艱，也一定會有實現的那一天。

我們完全沒有必要在起跑線上宣告自己要努力，終點處的成績會說明一切。

我們只有耐得住寂寞，努力地去奮鬥，才有實現自己價值的可能性。雖然有時候會痛苦和失望，但只要知道結果是好的，就可以了。

那些為夢想努力的人，老天從來都不會辜負他們的努力。對未來充滿擔憂但不思進取的人，總是羨慕別人成功的結果，卻沒有想過那些人當初的付出。

沒必要擔憂未來，你只有踏實地做好當下的事情，才會讓自己越走越遠，才會迎來無限可能。

# 每一個當下的失去，
# 都藏著無限的可能

## 01

有些事真的看不透，明明成功在望，到最後還是一敗塗地，本來以為能得到，最後還是失去，不論是工作、生活還是感情，好像都是這個樣子。

我們一直苛求上天能給予機會，但是上天似乎根本不願意給予。當你失去足夠多的時候，也就失望了，你可能覺得宿命本該如此，但實際上並不是這樣。

人生的路從來不是一馬平川，會讓你經歷很多大風大浪，倘若你能守住這份考驗，那麼未來怎麼可能會不好呢？

任何時候都不要抱怨上天不給你機會，不要想著運氣會垂青自己，當你沒有足夠的實力，就算運氣來了也抓不住。

## 02

有些人從表面來看好像沒有付出，但是上天卻格外偏愛他

們，這些人做事也特別容易成功，那麼事實上真是這樣嗎？不是的，你能看到的永遠是表面，並不知道他們背地裡有多努力。

成功雖然有偶然性，但也一定有必然性，如果自己的實力不夠強大，那麼就算給你再多的機會，你也抓不住。

說個朋友的故事吧。

朋友寧寧去年開始考教師資格，她特別努力，經常學到很晚，因為過度用腦，頭髮也是大把大把地掉，為了心中的結果，寧寧忍受了這一切。

參加筆試的時候，寧寧考了一個不錯的分數，完全在有效名次裡，寧寧也覺得這次特別有希望，但誰也沒想到面試結果特別糟糕，這樣她從有效名次變成了無效名次，直接名落孫山。

反觀寧寧的朋友，筆試成績一般，但是面試成績卻非常好，直接考了面試第一。寧寧覺得命運不公，為什麼給自己這樣的結果。

朋友的筆試很一般，恰巧面試有補錄，她才能順利參加，但沒想到來了一個華麗的逆襲。寧寧說從來沒有看到朋友努力過，這完全是上天垂青她。

我一開始也這樣以為，但是後來我明白了，也覺得寧寧的朋友完全應該得到這樣的結果。雖然她筆試的成績差一點，但是這些年她一直帶課，可以說對課程早已輕車熟路，反觀寧寧卻沒有足夠的經驗。

別人努力了很久，也失去了很多，才有這樣的結果，而寧寧

完全沒有付出對方這麼多，怎麼可能得到和對方一樣的結果呢？

我勸寧寧放寬心，一次失敗並不能代表什麼，雖然暫時失去了，但並不代表以後還會失去，但如果你不努力，不想辦法提升自己，那麼當機會來臨時，你依然抓不住。

人生就是這樣，看似不公平，實則很公平。你付出了多少，那麼就會得到什麼，天上從來沒有餡餅可掉，很多時候掉下來的是陷阱。

你要知道機會無處不在，無時不有，甚至在很短的時間內就會出現多次，但如果自己的實力不夠，那麼根本無法發覺，只能眼睜睜地看著它溜走。

## 03

與其抱怨失去，不如讓自己變得強大，當自己足夠強大，自己的世界也會強大，那麼只要稍微有個機會來臨，你也能完全抓住。

可能你沒有絕地反擊的勇氣，但你一定要有不屈服的鬥志。

失去了並不可怕，只要咬緊牙關堅持，就一定會有機會，機會真的只是留給有準備的人。

我曾看過一篇報導：

有個小夥子創業多次，但很遺憾也失敗多次，好像他真的不適合創業，當所有的人都覺得他不行時，沒想到他最後卻成功

了。

有人問他祕訣，小夥子笑著說：「當失敗時，很多人會想自己為什麼不成功，為什麼會失敗，只是抱怨，而我卻從失敗裡找原因，給自己強大的力量。」

小夥子說得很簡單，但是做起來真的很難，這需要很強的意志，需要不屈服的精神，只有這樣才能在失去的時候及時調整心態，讓自己重新充滿力量。

若是一個人不考慮這些，只是自怨自艾，那麼就真的沒有成功的可能了，就算有些運氣，也會讓自己抱怨得無影無蹤。

生活很難，但總要繼續，既然失去了，沒辦法改變了，那麼就不要抱怨了，要相信失去裡藏著無限的可能性，只要你稍微用手抓一下，可能就是另一番景象。

人生得意須盡歡，失意的時候也沒必要喪失鬥志，請相信只要自己努力，人生就會有無限可能。

未來的日子裡，願你耐得住寂寞，失去了不氣餒，用自己所有的力氣奮鬥出一個讓別人羨慕的故事，讓自己變得足夠強大。

# 自律的程度，
# 決定了人生的高度

　　有段時間，微信朋友圈被某明星的爸爸洗版了，無論是從打扮還是狀態，都看不出那是一個72歲的老人，歲月這把殺豬刀似乎在他臉上沒有留下絲毫痕跡，他依然健壯年輕。

　　他除了是房地產老闆，還是一個運動狂魔，游泳、健身、打籃球，是他幾十年如一日堅持下來的事情。

　　當被問到保養祕笈時，他說：「運動才是最好的化妝品。」

　　事實上真是這樣，難怪有人說，運動和不運動的人生比人和動物的區別都大，這說到底就是靠強大的自律。

## 01

　　說到自律，演員鄧×就是一個典型的例子，也正是這份自律，讓他的人生有了絕佳成果。

　　因為要在某電影中一人分飾兩個角色，其中一個挺拔偉岸，另一個骨瘦如柴，所以堅決不用替身的他先在三個月內增重20斤，然後又在兩個月的時間裡減掉了40斤。

曾有網友爆料看到鄧×打籃球，當時的他瘦得皮包骨，網友還以為自己看花了眼，仔細看才確定就是他。

他太太說：「他減肥減到沒有了能量，大夏天需要穿秋衣、秋褲和襪子睡覺，那段時間，我就是他的拐杖，因為他需要人扶著走路。」

這種極端的減肥方式對任何人來說都是一個巨大的挑戰，就算餓得頭暈眼花依然要正常工作，這得有多強的自律能力呀！

這幾年，鄧×在電影中頻繁亮相，片酬也越來越高，成為大家公認的好演員，有人說他的人生很順利，但誰知道他付出了多少。客觀來說，他並不是最出色的演員，不是最帥的，也不是最成功的，但絕對是非常努力的。

很多人覺得他很幸運，但這份幸運是有代價的。因為有一股對自己的狠勁，知道自己想要什麼，所以會為了這個目的拚盡全力。不玩命努力，怎麼見成績，沒有人能隨隨便便地成功。

## 02

新媒體作家哈叔講過一個自己的故事：

兩個月前，哈叔與一位朋友打賭，如果一個暑假的時間朋友能成功減去20斤的體重，算自己輸，賭約是2000塊錢。

哈叔本以為朋友根本做不到，沒想到，暑假過完後，朋友竟然來找他領錢了，哈叔說自己當時真的被朋友嚇到了，他整個人

瘦了一大圈。

朋友在兩個月內竟然足足瘦了30斤,面對這個結果,哈叔還是不相信,他問朋友是不是靠吃藥。

朋友白了他一眼說:「你才吃藥呢。」在哈叔的窮追不捨下,朋友透露了減肥成功的祕訣:自律、堅持。

那段時間,朋友每天早餐正常吃,中午吃少一點,晚上幾乎不進食,一杯牛奶或一點水果就打發了,再美味的東西放在面前,也會控制住不去碰。另外,他每天繞不遠的學校操場跑上十圈,如果下雨天就爬樓梯,一爬就是十個來回,從未間斷。

我們每個人都渴望自由,但如果你不能做到自律,又怎麼會獲得自由呢?

自由是有代價的,只有對自己有一股狠勁,知道自己想要什麼,為了這個目的拚盡全力,才能實現,這世上沒有人能隨隨便便地獲得自由。

## 03

2017年電影《芳華》上映,很多人都被這部優秀的作品感動哭了。這部作品的原著作者是嚴歌苓,她不僅高產量且高品質,幾乎每一部作品都被搬上大銀幕,成為風靡一時的暢銷書。

嚴歌苓曾不止一次地被人問過,怎麼才能高質又多產。

她每次都認真地說:「我當過兵,對自己是有紀律要求的。

當你懂得自律,那些困難對你來說都是小兒科。」

事實上真是這樣,高產量的背後,是她自律的一生。永遠在閱讀,永遠在寫作,永遠在用一種美好的姿態展示著她的才華。

她特別自律,每天至少寫作6小時,隔一天游泳1000公尺,幾十年如一日。就算每次坐到書桌前,她都會全身顫抖、痛苦到不行,她也會堅持下來,她知道只有堅持和自律,才能更好地體現自己的價值。

堅持做一件事情不難,難的是一輩子堅持做一件事,而且把它做到極致。

她不僅在寫作上非常自律,還會堅持在繁忙的工作中鍛鍊身體,比如游泳和跑步。我在網路上看過一個關於她的段子:

她在餐廳等待遲到的友人時,竟然趴在包廂的地上做平板支撐。當友人到達入座後,嚴歌苓把運動外套一脫,裡面竟是一件符合晚宴標準的無袖露背緊身上衣。

嚴歌苓曾說:「形象是女人的紀律。」

結婚多年,她依舊會在丈夫回家之前化好妝,因為她認為,丈夫應該看到自己很美好的樣子。

有些人只是間歇性自律,但嚴歌苓不是,她幾十年如一日,以鋼鐵般的意志自律著,所以即便已經60多歲了,她依然保持纖細的身材和優雅的狀態。

一個人的自律中藏著無限的可能性,自律的程度決定了人生的高度。

## 04

　　自律，說到底是一場自己與自己的博弈。

　　我們之所以很難堅持下來，是因為懶惰的誘惑太大了。下班後，沒有人不想躺在沙發上舒服地追劇，但這種短暫的歡愉只會讓我們更痛苦，因為它會讓人慢慢廢掉。

　　我在網路上看到一句話，深以為然：「懶惰的人，在長期的安逸裡會愈加得過且過；拖延的人，會習慣找各種藉口來安慰自己的無能；飲食不規律、作息不定時、人生無規劃的人，會在工作上頻頻出錯，生活裡躁鬱不堪。」

　　蕭伯納說「自我控制是最強者的本能」，但很多時候我們控制不住自己。

　　每個人都想成功和獲得自由，但這一切是需要代價的。如果你抵擋不住誘惑，如果你不能建立良好的日常行為習慣，那麼又怎麼可能成功呢？

　　人人都想要自由，但真正的自由並不那麼簡單。如果你能像村上春樹一樣連續35年早上四點半起床，跑步十公里，然後寫4000字的文章，那麼你的人生一定是自由的。

　　真正能夠登頂遠眺的人，永遠是那些心無旁鶩、真正自由的人，必定是高度自律的人。願我們能一直高度自律，活成自己喜歡的樣子，過上自己想要的生活。

# 不想吃現在的苦，
# 就無法品嚐以後的甜

## 01

　　有個老朋友辭職後創業，本來覺得自己會成為行業的頂尖人物，實現自己的價值，但瘋狂地努力後，卻是痛心的失敗。

　　帶著熱情出發，踩著失望而來，因為戰略不清晰，沒有成型的產品服務，團隊也未能形成合力，很快，熱情變為頹廢，信心也在錯誤的道路上磨滅。

　　如果你覺得創業只是失敗，那麼就大錯特錯了，相較於失敗，更重要的是對信心的打擊。當一個人的信心崩潰，恐怕連出發的勇氣也沒有了。

　　看《超級演說家》時，我對選手劉媛媛的演講印象特別深。在演講中，劉媛媛說：「我們大部分人都不是出身豪門，都要靠自己，你要相信，命運給你一個比別人低的起點，是想告訴你，讓你用一生去奮鬥一個絕地反擊的故事。」

　　劉媛媛出身寒門，沒有絲毫背景，沒有可以依靠的人，但她

有涅槃重生的勇氣。命運給我們挫折不是為了讓我們臣服，而是絕地反擊。

巴爾札克說：「挫折和不幸，是天才的晉身之階，是弱者的無底深淵。」一個人如果承受不了挫折的打擊，那麼他很難實現自己的價值。

遇到挫折，我們學會了自我安慰；為了逃避生活的苦，我們學會了得過且過，如行屍走肉一般，不僅沒有方向，也找不到未來。

我佩服那些為夢想奮鬥的人，他們明知道存在不公平，但他們不願意在這個不公平裡沉淪，他們會用盡自己所有的力量打破這個局面，縱使粉身碎骨，也依然不悔這一生。

所有難熬的現在，都是為了那個甜蜜的將來，你要相信，當你咬緊牙關絕地反擊時，整個世界都會給你讓路。

## 02

在一期節目中，有一位叫高廣利的腦性麻痺患者走進了大眾的視線，他的表現讓無數觀眾潸然淚下。

高廣利是一名腦性麻痺患者，全身只有嘴巴能動，即便是這樣，他也沒有放棄自己。為了養活自己，他嘗試用嘴折紙。經過不懈的努力，他最終學會了用嘴折紙的「獨門絕技」，並獲得了金氏世界紀錄認證證書。

為了學會用嘴折紙的技能，高廣利吃了不少苦頭。最初學折紙的時候，嘴巴被紙劃破、將紙誤吞入肚的事情時有發生，16歲那年還因此患上了闌尾炎。然而，憑藉自身的韌勁兒，他最終如願以償。

生而為人，我們不只因肉體而存在，更因我們之所以為人的追求而不凡。

他們是被上天「拋棄」的人，但他們終究沒有放棄自己，而是憑藉超乎想像的韌勁兒實現了人生的蛻變，他們才是生活中最強大的王者。

一個人如果能夠奮發向上，銳意進取，對美好未來充滿無限憧憬，並付出不懈的追求，那麼他一定會實現自己的價值。

我們的一生就像池塘裡的荷花，一開始用力地開，玩命地開，但漸漸地，看到距離開滿池塘還有很大的距離，就開始感到挫敗，甚至厭煩，結果在距離成功僅有一步之遙時選擇了放棄。

人生就像一條漫長的旅途，有平坦的大道，也有崎嶇的小路，有燦爛的鮮花，也會充滿荊棘。有多少人在荊棘面前退了步，又有多少人在挫折與坎坷裡虛度一生。

尼采說：「那些殺不死你的，終究會讓你更強大。」事實上真是這樣，當一個人熬過了苦難，挺過了嚴冬，等待他的就是陽光明媚的春天了。

## 03

羅素說：「人生應該像條河，開頭河身狹窄，夾在兩岸之間，河水奔騰咆哮，流過巨石，飛下懸崖。後來河面逐漸展寬，兩岸離得越來越遠，河水也流得較為平緩，最後流進大海，與海水渾然一體。」

可是大多數年輕人堅持不到飛下懸崖的時候，所以也體會不到後面的風平浪靜。每個人都會經歷黑暗，因為人生道路的不同，經歷的黑暗也不同，但這些對自己來說都是短時間內難以逾越的坎兒。

我見過那些為夢想披荊斬棘的人，夢想也給了他們最好的回饋。有位朋友發過傳單，睡過地鋪，在不斷的堅持下，他終於實現了自己的價值。

有人說「不撞南牆不回頭」是一種傻，可是如果你不去撞南牆，又怎麼知道這條路走不通呢？很多時候，我們丟了決心，給自己找了N個不能繼續下去的理由。

人生的路，沒有人會代替你，當你發現自己走的路步履維艱時，恭喜你，你的人生將會迎來一次重大的轉變，熬過山重水複，就會迎來柳暗花明。

沒有工作是不辛苦的，沒有江河湖海是一潭清水。每一個光彩奪目的人，一定有過在黑暗中前行的日子，而那段日子，一定會讓你快速擁抱光明。

甜蜜的將來絕對不會一蹴而就,需要你努力挺過去,只有挺過去了,才能感受到生活的美好!

# 全力以赴的人生，
# 雖敗猶榮

## 01

你和我以及身邊的年輕人可能會有這樣一個常態：滔滔不絕地說了一堆，最後連一隻腳都沒邁出去。

稍微有點困難就退縮，抱怨上天的不公平，覺得世界上每個人都對不起自己，明明自己不是公主，卻得了公主病。

有個朋友超級喜歡畫畫，她的夢想就是當一名畫家，曾經不顧一切地北上尋夢，也曾為了這個夢想披荊斬棘付諸行動。

講實話，看到她這股拚勁，我覺得她很快就會實現自己的夢想。

但結果呢？最後竟然啥也沒成，畫沒有畫好，工作也沒找好。從她的臉上你根本看不出曾經的意氣風發，那股鬥志昂揚的精氣神早就煙消雲散了。

她天天抱怨生活不公，不是和朋友小聚就是揮霍浪費時間，徒徒虛度光陰，最後的結果是一事無成。

想成為畫家是不錯的理想，但最起碼應該為這個理想奮鬥吧？不去努力而是單純想靠運氣，又怎麼可能實現呢？

　　都知道這世上沒有隨隨便便的成功，但每個人都做著捷徑的夢，幻想有朝一日飛黃騰達，實現自己的價值。

　　這個世上從來沒有立竿見影的成功，你只有努力去做，把夢想換成理想，奔跑起來，充滿溫度，那麼你就成功了。

## 02

　　有一種人，張嘴閉嘴就迷茫，稍微遇到點挫折就厭世，把心中的理想當成奢望，只敢去想，卻從來不去做，彷彿自己注定是個失敗者。

　　很多人覺得自己和成功的人差距太大，縱使再努力也追趕不上。

　　我反而覺得，我們和成功人士的距離不過是一個堅持，很多事情我們做著做著就放棄了，他們卻能堅持做，一年不行兩年，兩年不行三年，一直繼續，只要走在路上，總有好機遇。

　　有時候，我們太急，覺得自己起點低，運氣差，注定一輩子碌碌無為，好不容易說服自己努力一下，卻又被現實打擊得不知所措。

　　我想不明白，為什麼不一直走下去，為什麼說自己沒有目標、沒有方向，換句話說，你真的沒有嗎？說白了，這個目標你

比誰都清楚,只是不想品嚐實現這個目標的苦。

試想一下,如果隨便寫兩個字就是書法家,那麼這個世界上遍地都是書法家;如果隨便畫一幅畫就是畫家,那麼這個世界上到處是畫家。

真正成功的人,是耐得住寂寞的,會為了結果拚盡全力;面對暫時的不成功,他們不會抱怨,會安慰自己,會告訴自己只要認真堅持,任何人都無法動搖他們的決心。

既然知道自己想要什麼,那就大膽去做吧!做了或許會失敗,但每失敗一次,就會離成功更進一步,不是嗎?

## 03

我佩服那些為了理想拚命的人,這些人是有溫度、充滿熱血的,他們值得我們每個人尊重。他們不怕碰壁,不怕跌倒,勇於靠近理想,大有一種不達目的誓不甘休的氣勢。

我們為了即刻的滿足感和虛榮心,祈禱在夢想的起跑線上就看到終點線,但這真的實際嗎?

你可能覺得自己真的努力了,但結果確實很糟糕。

如果真是這樣,奉勸你再堅持一下,如果理想是100步,99步你都走了,還差那一步嗎?再努力一點點,你的夢想之花就要盛開了。

每一個為夢想奮鬥的人都值得尊敬,因為他們讓夢想有了溫

度,他們終究會實現曾經的理想。縱使受盡磨難,也要去爭取,理想主義者的結局就算悲壯也絕對不會可憐。

全力以赴的人生,雖敗猶榮。

# 第七章 Chapter 7
## 追光的人,終會光芒萬丈

# 越是難熬的時候，
# 越要自己撐過去

## 01

　　人生海海，在這世間沒有一種工作是不辛苦的，我們的人生之路就像打怪獸，需要單槍匹馬地熬過一個又一個難關。

　　成年人的世界，從來沒有「容易」二字，熬過去了，人生也就順了。

　　國學大師季羨林曾說：「人生的道路上，每個人都是孤獨的旅客。」

　　既然孤獨，就不要到處訴說自己的苦，因為你的苦於別人而言可能只是小事。自己的人生之路需要自己走，生活中遇到的累也只有自己扛，唯有如此，你的人生才會更精彩。

## 02

　　很多時候，我們只看到別人人前的光鮮，卻從未看到他們背

後的付出，總覺得別人的成功很容易，殊不知，這世上沒有一份成功是容易的。

熬住了，則出人頭地；熬不住了，則前功盡棄。

這世上的道路有千萬條，有些路注定要你一個人走，過程可能充滿艱辛，但你只有走下去，才能撥開雲霧見天晴。

就像哥倫比亞運動員奧斯卡・菲格羅亞一樣，他數次站在奧運會的賽場，歷經磨難，終於在33歲的時候奪得金牌，實現了自己的夢想。

沒有吃過苦的人不足以談人生。奧斯卡・菲格羅亞吃過的苦你可能想像不到，要是換作我們可能很難堅持下來，更不用說以後的風光了。

奧斯卡・菲格羅亞出生在南美洲哥倫比亞的一個邊陲小鎮，在那裡如果你不挖礦，就別無其他生存之道。為了改變命運，他走上了舉重的道路，並順利代表國家參加比賽。

在2004年的雅典奧運會上，年僅21歲的奧斯卡・菲格羅亞獲得56公斤級第五名，客觀來說這是一個好的開始。當所有人都以為他在2008年北京奧運會上能拿到金牌時，命運卻向他開了一個天大的玩笑，賽前還有兩週時，他頸椎間盤突出，從而與金牌無緣。

痛過之後，奧斯卡並沒有放棄。為了能比賽，他決定進行脊椎手術，雖然巨大的手術風險很可能會毀了他，但只要有機會，他就不想放棄，幸運的是手術很成功。手術結束後，他很快投入

到訓練中，並且在2012年倫敦奧運會上拿到了銀牌。

本來一切都朝著好的方向發展，奈何命運再一次向他揮了一記重錘——他的背部受傷了。在新傷和舊傷的日夜折磨下，奧斯卡只能再次進行手術，此時距離比賽還剩6個月。手術沒多久，奧斯卡沒等恢復就迫不及待地恢復了訓練。

當所有人都認為他堅持不住的時候，奧斯卡挺過來了，並在2016年的里約奧運會上順利奪得金牌。這一刻他等了12年，拿到金牌後，他高舉雙臂，泣不成聲，場面讓人動容。

魯豫曾在《偶遇》一書中寫道：

「無論是誰，我們都曾經或正在經歷各自的人生至暗時刻，那是一條漫長、黝黑、陰冷、令人絕望的隧道。」

事實上真是這樣，有些路注定要一個人走，難熬的時候你要做的是撐過去，而不是向生活投降。雖然我們曾不堪一擊，但終究會刀槍不入。

## 03

經常有人抱怨生活太苦了，自己熬不下去了，可能放棄的一刻會很爽，但未來的日子卻無比艱難。你沒有熬下去的勇氣，就不配享受以後的奇蹟。

誠然，沒有一個人喜歡在黑夜裡獨行，但除此之外又有什麼辦法呢？與其痛苦地尋求別人的幫助，還不如歷練一個更好的自

己。

網友汐若暢想分享了一個自己的故事，我看後感觸頗深：

在做人力資源工作之前，她是一家醫藥公司倉庫裡的發貨員。她每天做的工作就是用拖車拿著票據從倉庫裡搬下很重的貨物，然後發貨。

做過倉庫工作的朋友應該知道，這份工作辛苦又無聊，除了能消耗你的體力，對技能的提升沒有任何幫助。

做了一段時間後，汐若暢想決定報考人力資源管理師證照，雖然她對人力資源一竅不通，但還是義無反顧地決定試試。

決定很簡單，但堅持的過程卻很痛苦。那段時間，每天下班後，她經常草草嚼著幾個饅頭，就奔向培訓機構開始學習，每次培訓回來都特別晚，睡覺時基本上都是凌晨了。雖然很苦，但她堅信只要熬下去就會有奇蹟。

那段時間，她不僅全力以赴完成人力資源所有培訓課程，而且還經常去請教公司人力資源部的主管，學習一些實作技能。

經過不懈地努力和堅持，她終於拿到了人力資源管理師證照，並且很順利地得到了一份人力資源的工作。

作家馬未都曾說：

「我們每個人的一生在生理上、心理上或者周圍環境上肯定會遇到坎兒，每個人內心中的坎坷一定是靠自己去戰勝的，無論別人怎麼幫你，你都需要自己邁過這道坎兒。」

在人生的很多階段，我們都會覺得自己是世上最辛苦的人，

但當你挺過來了就會發現真的沒有什麼，只要熬過去，成功也就來了。

當你心中有了目標，請忍住所有的苦，用心去做，努力經營，不輕言放棄。當你做到了，人生何愁沒有光明？

## 04

在人生這條單行道上，很多事情可能暫時會很糟糕，但終究會朝著好的一面發展，很多看似很艱難的階段，熬著熬著也就過來了。

每個人的一生總有那麼一段難熬的時光，被生活逼著前進，不知道怎麼做，更不知道未來的路會怎樣。我們會遇到很多人，以為能得到幫助，最後卻發現真正的擺渡人是自己。

就像德國作家赫曼・赫塞說的：「我們來自同一個深淵，然而人人都在奔向自己的目的地，試圖躍出深淵。我們可以彼此理解，但能解讀自己的人只有自己。」

往後餘生，願每一個人都能收穫歡喜，熬過人生路上的坎坎坷坷，一路高歌猛進、勇往直前，迎接屬於自己的春暖花開。

# 追光的人，
# 終會光芒萬丈

## 01

現在的你或許正在承受生活帶來的痛苦，無論多難，希望你千萬不要灰心喪氣。只要還心存希望，就一定會有奇蹟。

電影《流浪地球》裡有這樣一句臺詞，讓人感動：

「希望，是這個年代像鑽石一樣珍貴的東西。」

倘若你的人生陷入低谷，只要不氣餒，努力去做一個追光的人，自然會撥開雲霧見天晴，讓自己的人生更有價值。

活著，很多事我們沒法預料，我們能做的就是心存希望，過好每一天。

## 02

我們這一生，幾乎所有人都會被命運捉弄，但不管怎樣，只要我們曾努力過，就沒必要後悔，就算人生的價值沒有實現，也

足以光芒萬丈。

我一直覺得自己不是感性的人，但每當看到一些人和事時，淚水還是會止不住地流下來。這淚水不是同情，而是一種發自內心的敬佩。

我曾在網路上看到一個女孩貼的文章，本以為只是平常的貼文，但是看完之後大為震撼。

女孩叫吳思，是一位1994年出生的姑娘，得的是子宮癌，雖經過各項救治，但依然無法挽回，這個堅強的姑娘永遠地離開了我們。

「90後」，癌症，死亡！相信沒有人能受得了這幾個字，我們除了惋惜，沒有任何辦法。

原本吳思應該活在痛苦中，她的世界也是一片黑暗。但誰也沒想到，她竟然很樂觀，努力尋求黑暗中的亮光，即便微小，卻也足夠。

吳思很懂事，她沒有抱怨命運的不公，而是在網路上記錄著一些開心的事情，雖然命運痛吻她，她卻願意報之以歌。

她內心的樂觀讓人驚訝，好像患病的不是她，就連最後的微信朋友圈貼文都是一句雲淡風輕的話：「江山給你們，朕玩夠了，拜拜。」

有患癌症的網友說：「癌症治療起來真的很痛苦，化療的罪根本不是人受的，小姑娘真的很懂事了。」

只是這份懂事讓人心疼，所有的痛在她看來都不值得一提。

她在網路上說自己很幸運，和她在同一個城市的大學同學帶著全班同學送她的禮物去看她——禮物是一個平板電腦，裡面是各地同學錄的鼓勵她的話，然後組合成一個長影片。

當大家誇讚她特別堅強時，她說：「其實很多時候在你不知道的地方，有很多人在默默地為你做著很多你不知道的事。所以我沒有理由不堅強。」

我在網路上看到一句話，深以為然：

「一個人最痛快的成功，不是超越別人，而是戰勝自己；最可貴的堅持，不是歷經磨難，而是保持初心。」

只是很多事總是天不遂人願，無情的病魔還是奪走了她年輕的生命。在生命的最後一站，她做的事情就像自己的名字一樣，真的很無私（吳思），她捐獻了自己的眼角膜，希望能幫到別人。

她是一個無私的女孩，是眼裡有光的人，真心地希望她的下一站只有幸福。

## 03

這世上從來沒有從天而降的幸運，只有披荊斬棘的勇氣，若是運氣不行，請試試勇氣，說不定會有奇蹟。

任何時候，心中都要有光，哪怕微小，也總會給自己帶來新的希望。

在人生這個大舞臺上,當你放棄了自己,那麼整個世界也就放棄了你;若是你不認命,能堅持下來,我相信一切都會好的。

誠然,命運會把你放在最低點,但你要做的不是認輸,而是奮鬥出一個絕地反擊的故事。

我常常想生活中為什麼有些人能如此堅強,後來終於明白,原來是他們心中有光,有一個不服輸的信念,即便命運殘酷,他們依然笑著面對。

說個文友空谷幽藍的故事吧,我相信這個故事一定會給你力量,讓你在黑暗的人生中重新鼓起尋找光的勇氣。

2010年,空谷幽藍重病住院,被診斷為尿毒症。看到診斷書上這三個字,空谷幽藍一下愣住了,她不明白這種病為什麼會找上自己。

雖然心裡當時難以接受,但也只能耐下心來治療,她本以為出院之後就沒什麼大礙了,可是醫生的話再次擊碎了她構建起來的小小希望。

醫生明確告訴她,出院後也需要每週三次到醫院規律洗腎,每次洗腎時間為4個小時。除此之外,平時飲食要忌口,水也不能多喝,只有這樣才能最大限度地保證病情的穩定。

倘若你沒有失望至極過,可能永遠不會理解這種痛苦,就像空谷幽藍說的,「病痛的折磨忍一忍還能過得去,但心理上的煎熬足以摧毀一個人」。

因為這個病,她連正常的工作都做不了了,那段時間她經常

哭,恨老天的不公平,恨自己成為一個靠別人養活的廢人。

30歲的人生本來是最美好的人生,可是現在卻因為疾病一下子跌到了低谷,若不是家人的關愛,她恨不得早點離開這個世界。一個心中沒有希望的人是可怕的,一個不再追光的人是悲哀的。

假如她真的一蹶不振下去,可能會失去所有,但經歷過無數個輾轉反側的暗夜,空谷幽藍終於想明白了,她要尋找生活的微光,就算再微弱,也要靠亮光重啟自己的人生。

由於空谷幽藍平時喜歡看書、寫日記,再加上天性敏感,她時常會發一些生活感悟到社交平臺,因此她打算以這個作為突破口,用心寫作,一方面能提升自己的鬥志,另一方面或許能賺點稿費。

打定主意後,她便開始執行了,幸運的是這次幸運之神眷顧她了,她的一些作品開始陸續發表。收到第一筆稿費時,她終於重新找到了活著的價值,感覺自己的人生一下子被照亮了,也再次找到了努力的意義。

現在她一直在寫作這條路上堅持,如今的她不僅可以靠稿費養活自己,還在這份愛好中找到了更大的人生價值。

空谷幽藍曾說:

「當希望之光照進生命,再凶狠的疾病也會被逼退場成為配角,而那時的我,一定是帶著激揚的鬥志回歸主場,光芒閃耀。」

人生實苦，每個人都不容易，真的希望我們都能擁有向日葵般的心態，只有這樣，我們才不會擔心黑暗，能永遠跟著光明前行。

餘生漫長，不管未來會怎樣，希望你都能遵從自己的內心，選擇想要的生活，做一個永遠追光的人，開心快樂地過好每一天。

# 每個人的生命裡，
# 都有一段孤獨的時光

## 01

在美國作家加布瑞艾拉・澤文的知名作品《島上書店》中，有一段讓人印象深刻的話：「每個人的生命中，都有最艱難的那一年，將人生變得美好而遼闊。」

這句話之所以能夠打動無數讀者，是因為很多優秀的人都懂得，每個人的生命歷程中，都會有一段不被人理解、不受人關注的時光。在那些日子裡，我們都會覺得成功遙遙無期，總是會忍不住開始懷疑自己，否定自己。

那段艱難的時光是人生中必須經歷的日子。在那些默默無聲的日子裡，我們始終不停地累積和沉澱著，為日後的閃耀積存足夠的能量。

無獨有偶，某知名報紙上的一篇科學報導也表達了相同的觀點，令人深有感觸。報導的內容如下：

「三萬二千年前，西伯利亞東北部的松鼠將果實深埋地下，

深至永凍層，後來洪水席捲了那個地方，果實被永遠地密封在地下，直到2007年才被發掘出來。一隊科學家拿到了那些果實，並培養出活的植物。」

你看，不論潛藏多深，掩埋多久，只要不自我毀滅，總有重生的時刻。

只要自己不放棄自己，相信經過人生中的艱難時刻，我們都可以迎來美麗的風景，綻放屬於自己的光華。

## 02

正是在這無人陪伴的深海中，你才有可能與自己對話，找到真正渴望的東西，成為支撐你一生的光源。

一個人在正常環境下的表現說明不了什麼，在無人監督、無人施壓的環境下的行為舉止，才能體現他的真正格局，這才是他的獨特之處。

看他困頓窘迫時，看他悲傷寂寞時，看他疲憊勞累時，看他生氣激憤時，這些時候，才是向世人展現光華的時刻。

聚光燈之下，每個人都會以最美麗的妝容現身，可是在夜幕之下，你是否還能堅持以最好的姿態出現？一帆風順之時，每個人都能從容輕鬆地順流而行，可是在逆風激流之時，你是否還能掌好船舵一往無前？寒冬之下，那獨自俏麗的梅花才尤為驚心動魄；深海之中，一個人的堅持才更為打動人心。

你要記得，你才是承載一切美好，綻放所有光華的本體。所有人生路上的曲折坎坷，都是為了協助你完成這場絢爛表演的鋪陳、背景和旁白。

他出生於遼寧瀋陽，從小就喜歡音樂。9歲那年，為了讓他的愛好有所發展，父親放棄了自己熱愛的工作，陪他來到北京中央音樂學院學習鋼琴。

儘管他還是一個孩子，但他非常懂事，也非常刻苦，除了學習文化課外，他每天都堅持練琴八小時以上。一段時間下來，他已能熟練地彈奏柴可夫斯基的〈第一鋼琴協奏曲〉和拉赫曼尼諾夫的〈第三鋼琴協奏曲〉，而這兩首曲子的難度都相當高。

正當他沉浸在進步的喜悅中時，一天晚上，居委會的大媽氣沖沖地敲開了他家的門。為了表達鄰居們的憤慨，那位大媽毫不客氣地對他說：「你不要再彈琴了，你的琴聲實在嚇人，吵得大家都無法休息。你以為你是誰呀！貝多芬？克萊德曼？趁早收起那份心吧，學琴的人多得是，你看有幾個人能真正出名呢？」

不僅如此，在學校裡，許多同學都看不起他，嘲笑他是一個土包子，嘲笑他癩蛤蟆想吃天鵝肉。

更令他難受的是，一位鋼琴老師也潑他的冷水說：「以你這樣的資質，再過100年，也不可能成為一位鋼琴家！」

他心灰意冷地回到租住的雅房裡，哭著對父親說：「我討厭北京，討厭鋼琴，討厭這裡的一切，我再也不學琴了。」

父親聽後，語重心長地說：「孩子，不要在乎別人說什麼，

也不要抱怨命運的不公,要想讓別人欣賞自己,你就要先讓自己變得優秀,那麼你就要比別人更努力。」聽了父親的話,他似懂非懂地點了點頭。

從那以後,他一心一意地練習鋼琴,不管別人怎樣打擊他、諷刺他,他始終不放棄自己心中的夢想。

後來,當初這棵毫不起眼的小樹苗,長成了一棵參天巨樹,年僅17歲就享譽全球,萬眾矚目。

他就是被譽為「當今世界最年輕的鋼琴大師」、「一部鋼琴的發電機」、「中國的莫札特」的著名鋼琴家郎朗。

## 03

也許你的頭頂沒有太陽,總是黑夜,但它並不是一團漆黑,有東西可以代替太陽帶來光亮。雖然沒有太陽那麼明亮,但對深海中的自己來說已經足夠。憑藉著這束光,便能把黑夜當成白天,便能從絕望中看到希望。這道光由自我發出,雖然微弱,卻永不熄滅。

陽光固然美好,卻也會隨時隱退,唯有來源於自己的光芒,才真正由你把握。

更何況,為什麼要指望別人給你的那點熱情去生活呢?為什麼不能爭氣一點兒,讓自己成為吸引這個世界的焦點呢?

前人說得好,這世上有三樣東西是別人搶不走的:一是吃進

肚裡的食物，二是藏在心中的夢想，三是裝進大腦的智慧。

每一個優秀的人，在他們成功之前，都會經歷一段孤獨的時光。那段時光要忍受寂寞，忍受別人的冷眼和非議，面對生活的不公。

當然，或許你無法改變環境，但可以決定對待它的態度和自處的方式。當你不絕望，不抱怨，重振自我，重啟夢想時，哪怕在深海裡獨自寂寞，依然可以成長為一個有追求、會發光的人生贏家，綻放耀眼的光華。

其實，人生是一個自我修行與修練的過程，當你發現了自己生命的意義，找到了自己的方向，就應該耐得住寂寞，經得起誘惑，驅除掉浮躁，扛得起挫折。

想要成功的人，一定要記住：想要成功，就要先經歷一段沒人支持、沒人幫助的黑暗歲月，而這段時光，恰恰是沉澱自我的關鍵階段。猶如黎明前的黑暗，挨過去，天也就亮了。

# 人生從來沒有太晚的開始

01

在著名主持人——敬一丹的一篇專訪報導中,看到一句讓人感慨頗深的話。

從中國傳媒大學畢業後,敬一丹回到了自己的家鄉黑龍江,在黑龍江人民廣播電臺工作。因為經歷過上山下鄉的知青生活,敬一丹的文化底子薄,於是,她報考了母校的研究所,可惜的是,她連續兩次都名落孫山。

當時,敬一丹已經二十九歲了,不想再這樣折騰了,但就這樣放棄,她又有些不甘。

那段考研究所的日子裡,她一直悶悶不樂。

幸運的是,敬一丹的母親是個知識女性,看著愁眉不展的女兒,母親語重心長地對敬一丹說:「人的命運掌握在自己手裡,真要想改變自己,什麼時候都不晚。」

「什麼時候都不晚」,就是這一句話,讓敬一丹第三次走上了考場,終於在三十歲那年成了中國傳媒大學的研究生。

入學不久，敬一丹就結婚了，她的丈夫在清華大學讀研究所。雖然有了家，但他們依然住在各自學校的集體宿舍裡，一日三餐在食堂裡吃飯，和單身生活幾乎沒有什麼區別。

三年的苦日子熬過後，敬一丹留校任教了。在別人眼裡，在大學裡當教師，工作既體面又輕鬆，收入也不錯，而且有很多時間可以照顧家庭，很多人都羨慕她，但她對自己的生活狀況並不滿意。她覺得自己是學新聞的，應該到一線去做更有挑戰性的工作。

三十三歲那年，中央電視臺經濟部來中國傳媒大學招人，經過面試、筆試和實作考核，敬一丹幸運地被錄用了。當時來自親友們的阻力很大，他們說她是頭腦發熱，都三十多歲的人了，還瞎折騰什麼。

敬一丹想，如果自己聽從了他們的意見，也許這輩子就會在學校做一名教師，永遠過著波瀾不驚的生活，那將是她一輩子的遺憾。

在人生的關鍵時刻，敬一丹又一次猶豫了，自己真的還有能力面臨新的人生考驗嗎？那段時間，敬一丹不斷地想起母親的話：「人要想改變自己，什麼時候都不晚。」敬一丹最後的決定是，不管怎麼樣，不能讓自己的人生留下遺憾，哪怕失敗了，也無怨無悔。就這樣，敬一丹在三十三歲那年走進了中央電視臺，成為一名主持人。

從此以後，中國多了一名家喻戶曉的主持人。

## 02

蔡康永在自己的書中寫過這樣幾段話：

「十五歲覺得游泳難，放棄游泳，到十八歲遇到一個你喜歡的人約你去游泳，你只好說『我不會』。

「十八歲覺得英文難，放棄英文，二十八歲出現一個很棒但要會英文的工作，你只好說『我不會』。

「人生前期越嫌麻煩，越懶得學，後來就越可能錯過讓你動心的人和事，錯過新風景。」

這段話讓我感觸頗多。因為我經常遇到那些對自己現在的生活充滿抱怨的人，他們口中說得最多的詞語就是「如果」。然而他們並不去行動，不去改變自己，結果只能讓自己一再錯過機遇。

人想要改變自己，什麼時候都不晚，最關鍵的就是你要有改變的決心。當你下定決心勇於改變自己時，你的人生就會發生翻天覆地的變化。

小梅是我的大學同學，畢業後，回到老家找了一份不錯的工作。她卻為婚嫁的事情煩惱，不出眾的外貌和略有些漢子的性格，使得本來性格就內向的她幾乎很難遇到一個互相喜歡的男人。

小城市的生活單調而乏味，於是她打算出國或者換工作到大城市生活，但遲遲無法下定決心。一方面現在在國營企業工作，

比較穩定，另一方面懼怕出國的複雜流程和大城市的激烈競爭，她就這麼糾結了六年。到了三十歲，由於社交圈子的狹窄，她還是那個長相平凡、心思粗放的她，於是理所當然地成了剩女。

終於有一天，她狠下心來，跳槽到了北京。

新公司不僅給了她一個職位，還提供了一個有院子的宿舍，工資也比原來高好幾千元，存一存再加上以前的積蓄就可以買房付頭期款了。

工作對於出色的她並不算有難度，多年累積的經驗讓她如魚得水，她開始收穫以前很少聽聞的肯定。剛換工作再加上加班比較多，她並沒有很多時間去認識新的人，但是隨處可見的書店，公司旁邊的健身房和豐富多樣的活動，已經讓她開始關注時尚、新事物和自己，公司的大齡姑娘有好幾個，她也不覺得孤單。

有一次她代表公司去交涉業務，對方公司的小夥子見她做事認真、待人誠懇，便要了她的電話，後來開始約她吃飯。她壓抑了許久的心情終於慢慢變好起來，開始想「如果六年前就來北京就好了」。其實仔細想一下就知道，她的條件更適合看重能力的地方，而且她也很喜歡豐富的精神生活，這裡還有很多比她優秀的單身男士。她甚至開始決定出國。

只是那虛擲的六年時光再也回不來了，也許她依然沒有組建起一個家庭，但絕對可以謀得一份好職位或者獲得更快速的成長。

有些事情你不做，你想要的生活就得不到。但是，如果你想

要改變自己，什麼時候都不晚。

能夠發現自己的不足並勇敢改變自己的人是幸運的，他們知道自己真正想要什麼，而且得到了自己想要的生活。

## 03

很少有人能一步就擁有自己想要的生活，也許我們要走很長一段時間的彎路，但這有什麼關係呢？就像在夜路中行走，你收穫了滿天閃亮的星星，磨練了心性。

如果你還在想那份看起來很不錯的工作，既可以到處旅遊，又可以輕鬆高薪，可是你的學歷不夠，那為什麼不去把學歷變得更高呢？不過是三、四年的時間，否則你十年之後依然守著這份侵佔你所有時間卻給你只夠基本生活開銷的工作。

生活不僅僅有靜止和重複，我們已經來到一個大致上公平的時代，只要你的渴望合理，付出努力，世界會找到方法幫你實現的。我們已經來到一個高標準的時代，人人都在追求生活的品質，我們期盼擁有自己喜歡的東西，而不是僅僅活著。

愛一個自己喜歡的人，做自己喜歡的事情，擁有自己想要的親密關係，向自己喜歡的方向前進著，對於我們來說，都是像呼吸一樣重要的事情。有些事情你一天不做，你就多一天生活在自己不想要的環境中。

而且，不想要的今天會導致更不想要的明天，更不想要的明

天會導致十分不想要的後天。既然生活給了我們選擇的權利,告訴了我們得到想要的人生的知識和道路,那麼為什麼不及早踏入追求的路途中呢?

　　生命很長,何時上路都來得及,人生從來沒有太晚的開始。

# 你吃的苦，
# 都是你去看世界的路

### 01

　　青年作家蘇心寫過這樣的話：「那些你吃過的苦，熬過的夜，做過的題，背過的單字，都會鋪成一條寬闊的路，帶你走到你想去的地方。」

　　沒有一帆風順的人生，也許我們每個人都注定要跋涉溝溝坎坎，品嚐苦澀與無奈，經歷挫折與失意。學會吃苦，是人生必須經歷的一課。在漫長的人生旅途中，吃苦並不可怕，受挫折也無須憂傷。只要心中的信念沒有枯萎，你的人生旅途就不會中斷。

### 02

　　前陣子，公司的策劃部招進來一個小姑娘。我忍不住有些為她擔心，因為公司的經理在業界以嚴格而出名，在我眼裡，甚至是苛刻。而小姑娘在我的印象中是個瘦瘦小小也很脆弱的人，據

說，大學畢業一年就換了四份工作，這期間還有兩個月待業在家。

而且在前公司，她經常因為生活和工作的不順而哭泣，面對上司的嚴苛會默默流淚。閒暇時，她也會經常抱怨別人對她的不公……

不過，我想或許人都會變化的，這次說不定她會很努力地工作，內心也會變得強大。

然而，還不到一個月，她就告訴我，她準備辭職走人了！

她委屈地告訴我，那天早上她紅著眼睛來上班，因為她前一天晚上和男朋友吵架了。剛開始工作，又接到房東的電話，房東說要漲房租。就這樣心情沉重地過了半天，下午她在做簡報的時候精力無法集中，以至於以尷尬的沉默告終。之後，經理向她要上週就交給她做的報表，她說自己還沒做好。於是，老闆便粗暴地批評了她。

「不做了！到哪裡不能找一份工作！何苦在這裡受折騰！」她氣呼呼地說，接著又開始向我抱怨起苛刻的老闆是多麼變態。

我知道，像她這樣的年輕人不止一個。初入社會，習慣了學校的舒適，習慣了父母的庇護，難免對社會的冷酷和壓力無所適從，於是心生怨氣。

二十多歲，多麼稚嫩的年齡，或許二十來歲的自己並不比別人成熟多少，但人總是要成長的，你可以不成熟，但你不能不成長。

如何讓自己快速成長起來，我有很多的心裡話想說給這位準備辭職的小姑娘，還有像小姑娘一樣單純而脆弱的職場新人。

## 03

馮侖說：「偉大都是熬出來的。」為什麼是熬？因為普通人承受不了的委屈你要承受；普通人需要別人安慰鼓勵，但你沒有；普通人以消極指責來發洩情緒，但你必須看到愛和光，在任何事情上學會自我解嘲；普通人需要一副肩膀在脆弱的時候靠一靠，而你就是別人依靠的肩膀。

但是，我向你保證，人這一輩子的幸福與苦難，絕對都在你的承受範圍以內。生活比你還要瞭解你自己，它可狡猾了，它給你的苦澀，永遠讓你失望而又不至於絕望；而給你的甜蜜，永遠讓你淺嚐輒止而充滿念想。

人在二十多歲的時候，總是願意相信一句話：「生活在別處。」當你很輕易地放棄一份工作，很輕易地放手一段愛情，很輕易地捨棄一個朋友，都是因為這種相信。

可惜總是很久之後才能明白，這世上並不存在傳說中的「別處」。你所擁有的，不過是你手上的這些。而你兜兜轉轉最終得到的，也不過是你在第一站錯過的。

所以我想告訴你，好好工作吧。工作是一切自由幻覺中最接近現實的一種生存方式。更重要的是，工作能幫助一個人學會怎

樣愛自己,然後你才能好好地愛這個世界,愛別人,以及被愛。

或許你說自己一無所有,或許你會羨慕上司的房子車子,羨慕學長學姐的七位數年薪。其實這些你不用羨慕,只要努力,這些所有的一切,歲月都會帶給你。

而你的年輕歲月,卻是他們再也無法擁有的。所以,你沒有必要因為你的衣食住行不如別人,或者存款還不到五位數而覺得不安。我們每個人都是這樣過來的,再也沒有比二十來歲的貧窮更理直氣壯的事情了。

## 04

一個不會游泳的人,老換游泳池是不能解決問題的;一個不會做事的人,老換工作也無法提高自己做事的能力。

你自己才是一切的根源,要想改變一切,首先要改變自己!

你要懂得,不是每一次跌倒都有人扶著你站起來,通往美好之路並不容易,一味地放任,只會令我們脆弱得不堪一擊。

沒有經歷痛苦洗禮的飛蛾,脆弱不堪。人生沒有痛苦,就會不堪一擊。正是因為有失敗,成功才那麼美麗動人;因為有災患,幸福才那麼令人喜悅;因為有飢餓,佳餚才讓人覺得那麼甜美。正是因為有痛苦的存在,才能激發我們向上的力量,使我們的意志更加堅強。瓜熟才能蒂落,水到才能渠成。和飛蛾一樣,人的成長必須經歷痛苦掙扎,直到雙翅強壯後,才能振翅高飛。

面對生活的那份淡定需要慢慢積累，堅強樂觀的生活態度也不是與生俱來的，更需要獨自承擔。

因此，不要幻想生活總是那麼圓滿，生活的四季不可能只有春天。

年輕的時候要輸得起，更不怕吃苦，重要的是自己不放棄自己，踏踏實實地去改變，去努力。你會發現，你現在吃的每一份苦，都是將來你去看世界的路。

# 世界只會對優秀的人刮目相看

01

作家周海亮在一篇文章中記敘了自己考大學的故事。因為感覺自己考上大學的希望破滅了,他就認為被錄取的人員可能被內定了。

但是他的父親卻說:「我相信你說的那些都是真的。可是,如果你足夠優秀,那麼他們就沒有不錄取你的道理。你被淘汰的理由只有一個——你還不夠優秀。」

事實也的確如此,這世上的確有齷齪、陰暗,我們不喜歡這一切,可是我們無法改變,然而我們可以改變自己,可以努力把自己變得非常優秀。你變得足夠優秀,才有戰勝這些齷齪和陰暗的可能。當你的才華光芒四射,世界才會對你刮目相看。

## 02

　　上大學的時候，教授跟我們講過這樣一個頗有啟發的故事。

　　甲和乙同時應徵進一家大公司，他們的學歷和年齡相似，也同樣努力地工作。一段時間後，甲升任部門主管。乙心中很不服氣，但也沒有辦法，只能忍氣吞聲。

　　又過了一段時間，甲的職位又提升了，乙還是原地不動。

　　乙想不明白，他感覺自己和甲各方面都差不多，為什麼自己沒有被升職？他帶著疑問去請教經理。經理聽完乙的問題，並沒有說什麼，只是交代乙去看一看菜市場有沒有賣馬鈴薯的。

　　二十分鐘後，乙匆匆趕回來報告經理，菜市場只有一個老漢在賣馬鈴薯。經理問：「馬鈴薯多少錢一斤？」

　　乙說沒問，轉身又回到了菜市場。又一個二十分鐘過去了，乙回來報告經理，馬鈴薯一元錢一斤。

　　經理問：「如果買一百斤以上，是多少錢一斤？」乙要回答出這個問題，只得再一次返回菜市場。

　　二十分鐘後乙回來了，說買一百斤以上八毛錢就可以了。經理說：「很好，那菜市場上除了馬鈴薯還有些什麼菜呢？」乙說：「我再轉去看看……」

　　這時，甲到經理的辦公室送資料，經理當著乙的面對甲說：「去看一看菜市場有沒有賣馬鈴薯的。」

　　甲去了，經理邀請乙一起等著。二十多分鐘後，甲回來了，

對經理說:「市場上只有一個老漢在賣馬鈴薯,一元錢一斤,如果買得多,還可便宜,最多便宜至八毛錢,條件是必須購買一百斤以上。如果馬鈴薯不滿意的話,市場上還有很多種蔬菜:黃瓜、白菜、番茄、地瓜⋯⋯」

之所以想起這個故事,是因為感慨於朋友老張的故事。一次朋友聚會,老張懊惱地抱怨自己現在的工作情況糟糕透了,上司要求苛刻,不尊重他,長時間不給自己加薪升職,同事們總是很輕浮地開自己的玩笑⋯⋯不久,老張就離職了。

離職後的老張很快到另一家公司任職,但沒多久,老張就在朋友圈中宣佈自己準備跳槽了。因為這家公司的主管對自己有成見,自己策劃的方案明明已經很好了,卻一次次被主管否決。」簡直就是一個老變態!」老張憤憤不平地表示。

然後他就果斷離職了。

這幾年,總是聽到老張換工作的消息,大家都已經習以為常了。如今,一起大學畢業的好朋友都已經在公司成長為中階主管了,而老張還在為一份不確定的工作而經常奔波在大大小小的人才招募市場。

## 03

其實,我想說的是,這個世界上發生的每件事都只是暫時的,即使是糟糕的日子、失眠的夜晚。每個人都難免會經歷一段

不順利的時光，遇到事情不順時，拍案而起、拂袖而去固然痛快，但也許失去的是永遠的機會。

如果你的優秀卓爾不群、出類拔萃，別人還敢忽視你的存在嗎？就像一顆璀璨奪目的珍珠，原本不過是一粒醜陋的沙子，但它承受住了忽視和平淡，直到有一天自己變成了一顆價值連城的珍珠。

在生活的圈子中，有一個叫小孟的女孩，她的故事曾讓我特別感慨。

小孟出身普通人家，長得也不是很漂亮，但身材倒是纖長的。小孟的理想是當一名空姐，從上初中就有了這個想法。然而，小孟的理想常常招來別人的嘲笑，想當空姐，談何容易啊！何況，小孟家也沒有在航空公司上班的親戚朋友。

「癩蛤蟆想吃天鵝肉……」這是一些不懷好意的人對小孟的看法。「你實際一些吧，將來做一個文書人員或者會計，女孩子要找個安穩的工作……」這是家人苦口婆心的勸導。

但小孟不管別人的看法，執著地堅持自己的理想，她每天把背挺得直直的，坐凳子只坐三分之一，時刻就像一隻驕傲的白天鵝。她說，必須時刻保持優雅的狀態。她還每天堅持運動，比如跑步、做仰臥起坐。她說，這是為了將來體檢時身體達標。

她還堅持節食，無論多麼愛吃的東西，都只吃規定的量；晚上不管多餓，都不吃宵夜。她說，這是保持身材，將來好在眾多人選中脫穎而出。

小孟瞭解到，想要做空姐，最好的方法就是上空乘學校。她早早鎖定了將來要上的那所學校，為了高考時達到空乘學校的分數標準，她每天埋在書山題海裡，一刻也不鬆懈。

　　經過不懈的努力，她終於如願以償。兩年之後，到了實習期，有航空公司到學校招募。實習期待遇比較差，而且上班的地方離家有千里之遙，很多同學都不重視這次機會。小孟卻第一時間報了名，並積極地做著各種面試的準備。

　　這麼多年的堅持，終究沒有白費，面試時她脫穎而出，成了一名真正的空姐。雖然只是實習，她卻處處嚴格要求自己，每件事都做得極為認真。一年後，她和公司正式簽約，實現了自己的夢想。

## 04

　　很多人羨慕小孟的好運，一個普通的女孩子，居然輕輕鬆鬆就實現了空姐夢。可是有幾個人知道，生活中的每一天，小孟都在為成功做著準備。日復一日的累積，當有一天，她變得足夠優秀時，才受到了命運的青睞，才終於換來最後的心想事成！

　　在你足夠優秀之前，難免會有一段被人忽視的日子，這是一段無人相伴的旅程，是一方沒有星光的夜空，是一段沒有歌聲的時光。

　　所以，年輕的你不要抱怨眼前的一無所有，因為此刻正是築

夢的時候！讓自己沉澱，讓自己成長，讓優秀變成一種習慣，當你足夠優秀時，世界自然對你刮目相看！

世間大雨滂沱，
你要藏好軟弱

世間大雨滂沱,你要藏好軟弱 / 林子樹著. -- 初版. -- 臺
北市 : 春天出版國際文化有限公司, 2025.03
面 ; 公分. -- (Better ; 44)
ISBN 978-957-9609-46-3(平裝)

1.CST: 人生哲學

191.9    113018008

Better 44

| 作　　者 | ◎林子樹 | 總 經 銷 | ◎楨德圖書事業有限公司 |
|---|---|---|---|
| 總 編 輯 | ◎莊宜勳 | 地　　址 | ◎新北市新店區中興路2段196號8樓 |
| 主　　編 | ◎鍾靈 | 電　　話 | ◎02-8919-3186 |
| 出 版 者 | ◎春天出版國際文化有限公司 | 傳　　真 | ◎02-8914-5524 |
| 地　　址 | ◎台北市大安區忠孝東路4段303號4樓之1 | 香港總代理 | ◎一代匯集 |
| 電　　話 | ◎02-7733-4070 | 地　　址 | ◎九龍旺角塘尾道64號 龍駒企業大廈10 B&D室 |
| 傳　　真 | ◎02-7733-4069 | 電　　話 | ◎852-2783-8102 |
| E－mail | ◎frank.spring@msa.hinet.net | 傳　　真 | ◎852-2396-0050 |
| 網　　址 | ◎http://www.bookspring.com.tw | | |
| 部 落 格 | ◎http://blog.pixnet.net/bookspring | | |
| 郵政帳號 | ◎19705538 | | |
| 戶　　名 | ◎春天出版國際文化有限公司 | | |
| 法律顧問 | ◎蕭顯忠律師事務所 | | |
| 出版日期 | ◎二○二四年三月初版 | | |
| 定　　價 | ◎450元 | | |

版權所有・翻印必究
本書如有缺頁破損，敬請寄回更換，謝謝。
ISBN 978-957-9609-46-3

中文繁體版通過成都天鳶文化傳播有限公司代理，由北京文通天下文化科技有限公司授予春天出版國際文化有限公司獨家出版發行，非經書面同意，不得以任何形式複製轉載。